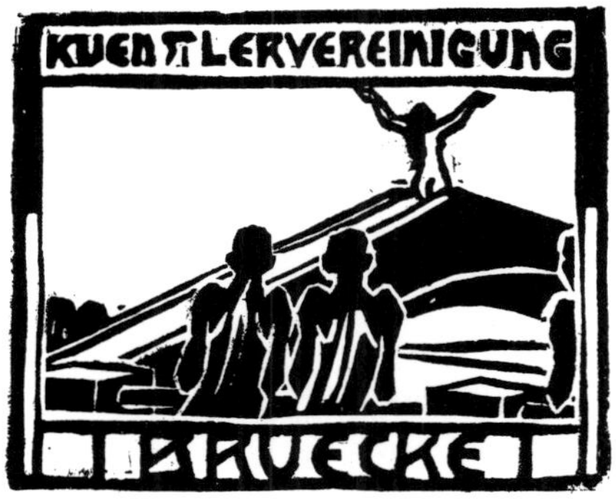
KUENSTLERVEREINIGUNG
BRUECKE

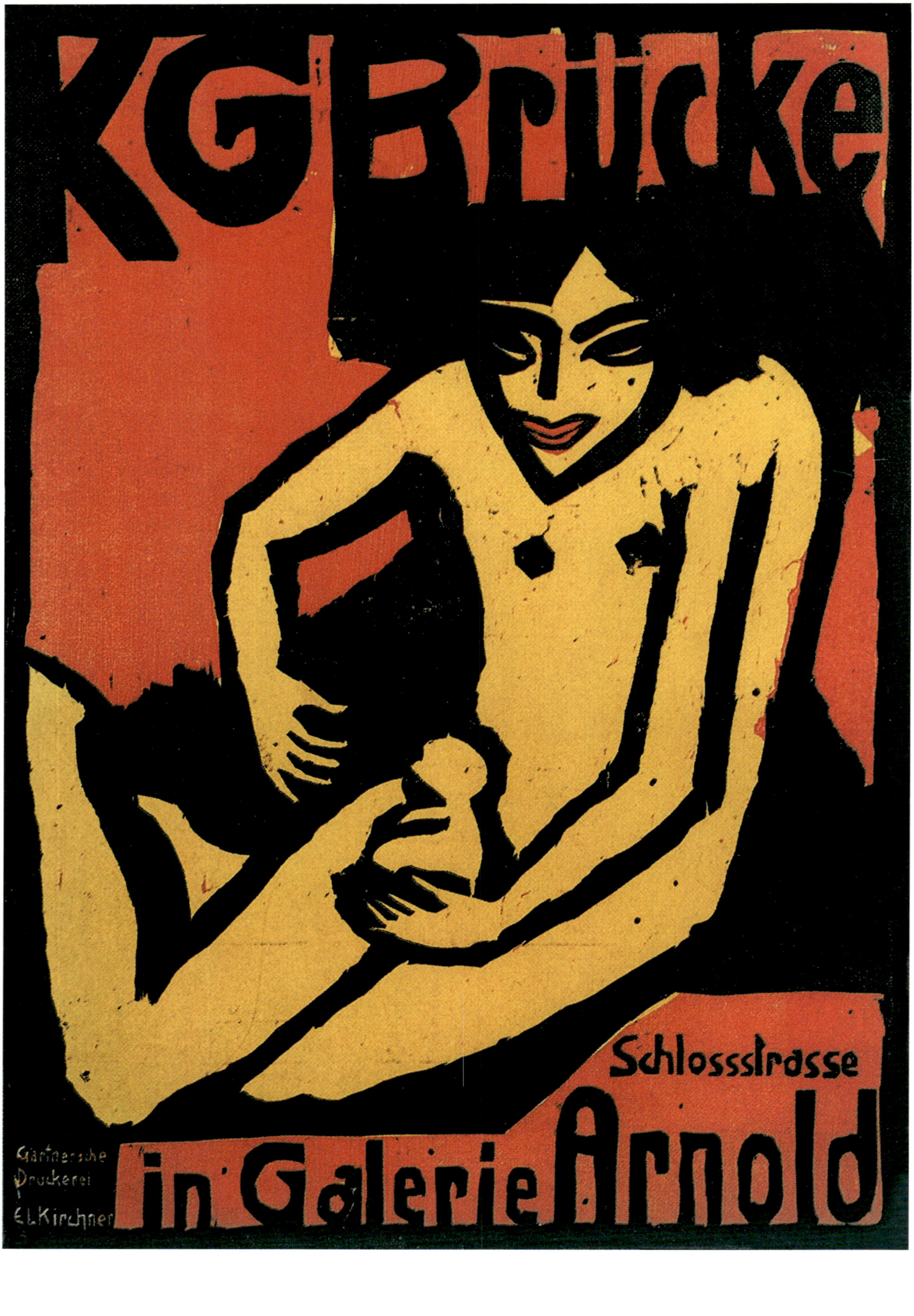
KG Brücke
Schlossstrasse
in Galerie Arnold
Gärtnersche
Druckerei
E.L.Kirchner

Ulrike Lorenz
Norbert Wolf (Hg.)

Brücke

TASCHEN

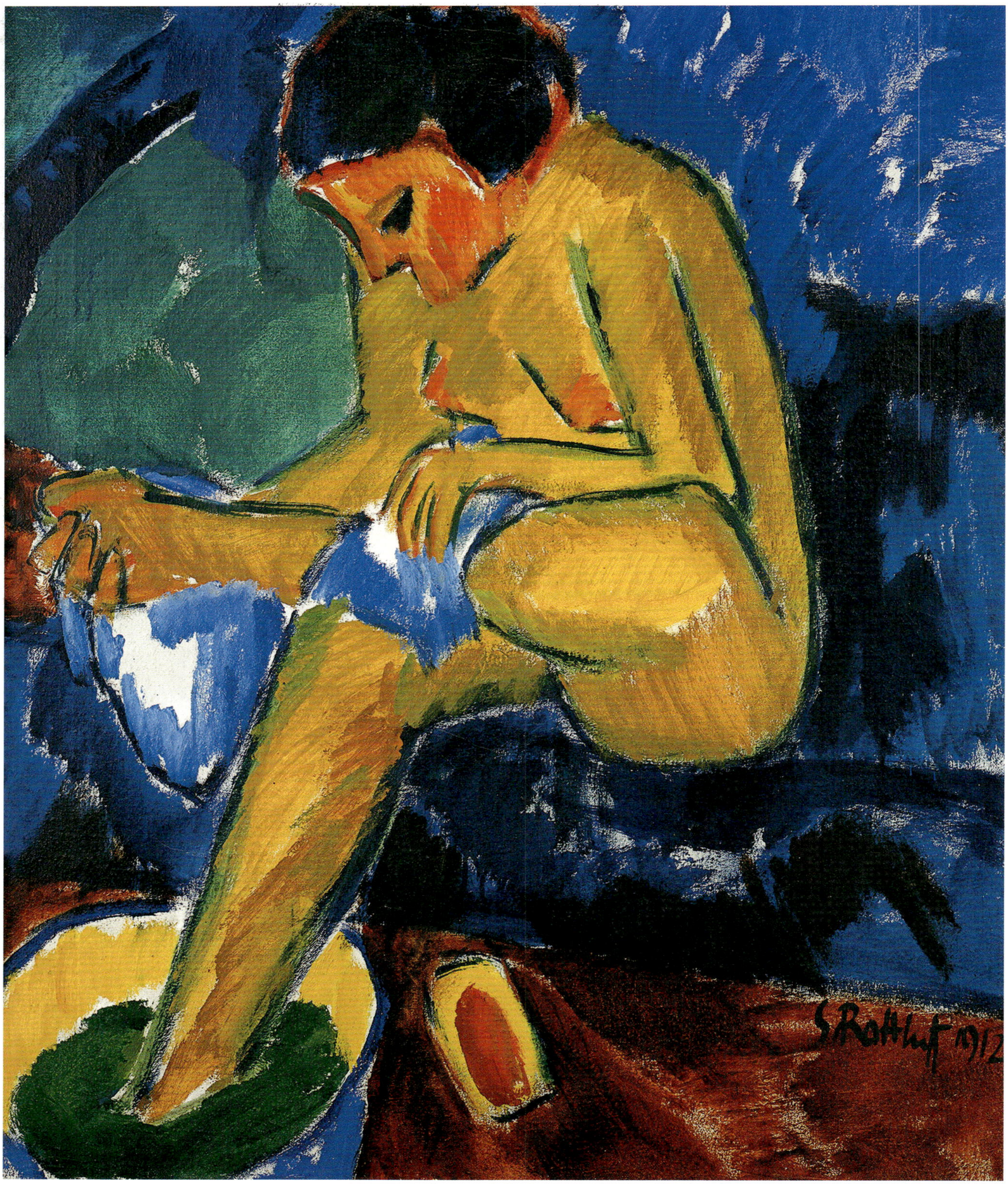

Inhalt

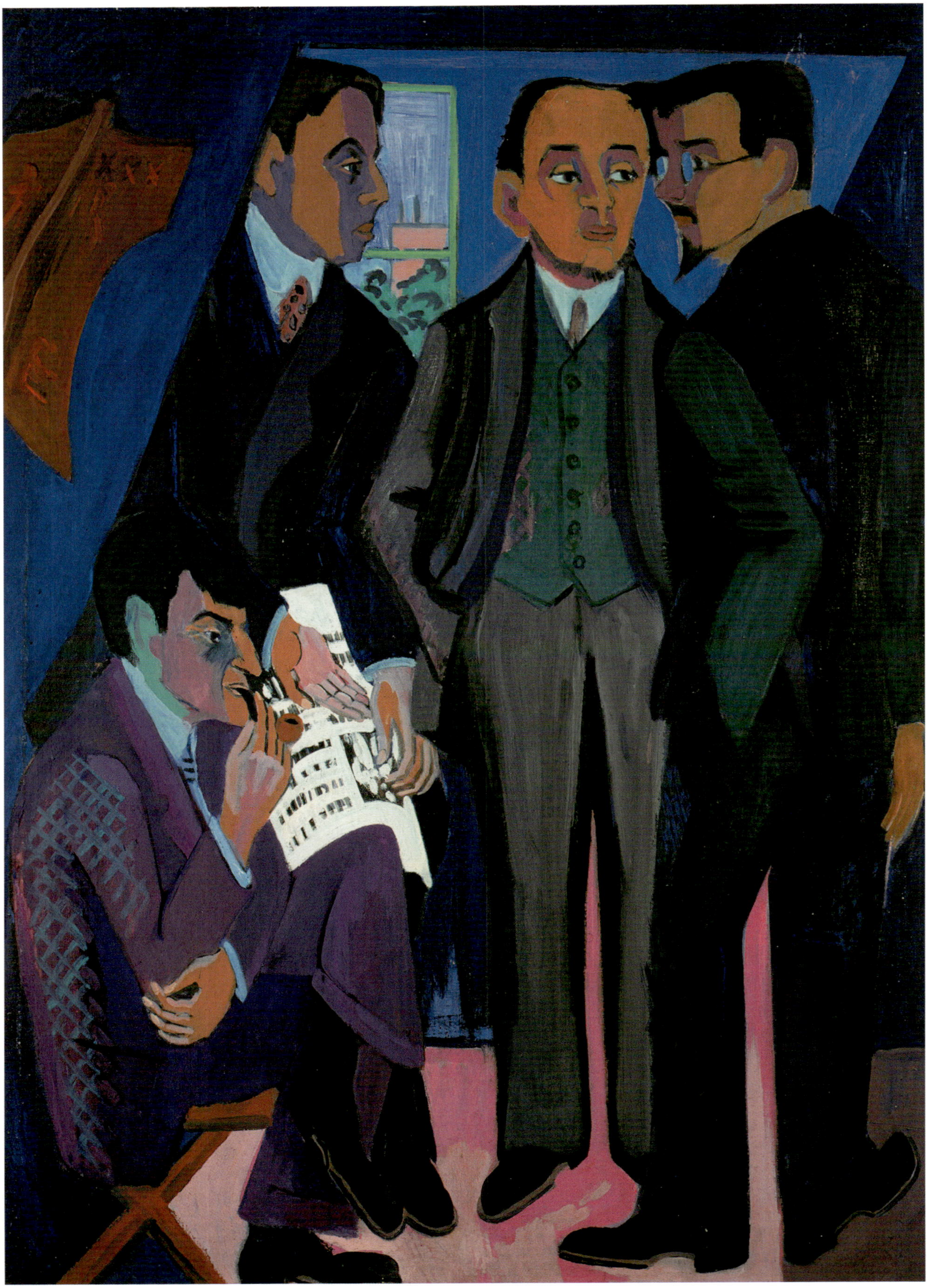

Die deutschen „Wilden“ und die Geburt des Expressionismus

Rückblick vom Zauberberg

Im Dezember 1925 verlässt Ernst Ludwig Kirchner den Zauberberg und reist ins Flachland hinunter. Ein erstes Mal wieder, seit er gegen Ende des Ersten Weltkriegs – drogenabhängig und mit Nervenlähmungen – ins Schweizer Davos übergesiedelt war. Der Ort bleibt ihm bis zum Selbstmord 1938 ein überlebensnotwendiges Refugium. Doch Mitte des Weimarer Jahrzehnts sucht er die Stätten des frühen euphorischen Aufbruchs im Freundesbund noch einmal auf: Dresden und Berlin. Dort herrscht jetzt Neue Sachlichkeit.

Nach der Rückkehr in die Bergwelt malt Kirchner in der beruhigten Handschrift seiner nachexpressionistischen Phase ein fast lebensgroßes Bild des Verlusts: vier Männer am Ende ihrer beispiellosen Arbeitsgemeinschaft, die am 27. Mai 1913 in Berlin aufgekündigt worden war (Abb. S. 6). Erich Heckel, Karl Schmidt-Rottluff und Kirchner selbst stehen eng beisammen; etwas abseits sitzend mit Pfeife der 1910 spät hinzugekommene stille Otto Mueller, Außenseiter selbst hier. Die Abtrünnigen fehlen. Das Gründungsmitglied Fritz Bleyl (Abb. S. 13 links) hatte mit seinem Rückzug ins bürgerliche Leben schon 1907 den Austritt proklamiert. Der 1906 berufene, agile Max Pechstein wurde 1912 wegen unerlaubter Ausstellungsbeteiligung aus der Truppe entfernt.

Die Blicke gehen ratlos aneinander vorbei; zu sagen bleibt nichts mehr. Schmidt-Rottluff, der Eigenbrötler, und der ausgleichende Heckel, Organisator der Künstlergruppe, wenden sich von Kirchner ab. Dieser – zurückgesetzt hinter eine Dachschräge – hält die fatale Ursache des Abschieds: die von ihm verfasste Brücke-Chronik von 1913 (Abb. S. 7). Die Freunde fühlten sich „vor den Kopf gestoßen“ durch die tendenziöse und selbstherrliche Programmatik, die er im Rückblick der gemeinsamen Geschichte unterstellte.

Doch die Gründe für die Selbstauflösung der Brücke lagen tiefer. Seit 1911 zersplitterte die Utopie einer kollektiv erfahrenen Harmonie von Kunst und Leben an den harten Realitäten der Zweimillionen-Metropole Berlin. Hier verlor „der Expressionismus seine Unschuld“, und die am 7. Juni 1905 in Dresden gegründete Brücke ihre Basis.

Über 20 Jahre später setzt ihr Kirchner ein melancholisches Denkmal, durchtränkt von Sehnsucht und Vergeblichkeit. Er beschwört noch einmal Idee und Lebenserfahrung dieser originären Künstlergemeinschaft, die im ersten Jahrzehnt des 20. Jahrhunderts den deutschen Expressionismus aus der Taufe hob und mit ihm einen genuinen Beitrag zur europäischen Moderne formulierte.

Vorspiele in der Provinz

Dresden beginnt sich um 1900 mit vorsichtigen Impulsen in Richtung Moderne zu regen. Sezessionsgeist beunruhigte die Geister seit Mitte der 1890er-Jahre. Viele Freilichtmaler reihen sich hier in die Phalanx des deutschen Impressionismus ein. Etwas abseits, auf den

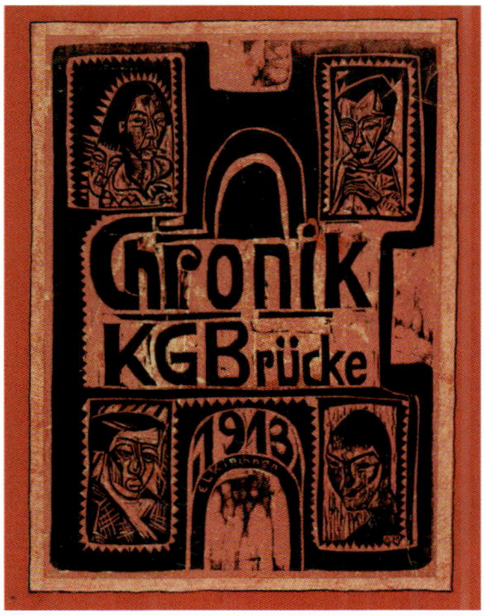

Ernst Ludwig Kirchner
Chronik der KG Brücke, 1913
Titelholzschnitt, 67,5 x 51,7 cm
München, Staatliche Graphische Sammlung

SEITE 6
Ernst Ludwig Kirchner
Eine Künstlergruppe, 1926/27
Öl auf Leinwand, 168 x 126 cm
Köln, Museum Ludwig

VON LINKS NACH RECHTS
Otto Mueller, Ernst Ludwig Kirchner, Erich Heckel, Karl Schmidt-Rottluff

Höhen von Hellerau, finden Lebensreform und Qualitätsarbeit ihre Basis in der ersten Gartenstadt, die seit 1906 in Verbindung mit den Deutschen Werkstätten und dem Deutschen Werkbund wächst – Vorboten der Bauhaus-Avantgarde. In diesem Kraftfeld entwickeln sich Reformarchitektur und Ausdruckstanz, Freikörperkultur und Jugendbewegung. Hellerau will ein Geburtsort des „Neuen Menschen" sein. Es ist Brückenzeit, ein Übergang. Das „Jahrhundert der Extreme" bricht an in wilder Abwehr der Geschichte und blindem Glauben an die Zukunft – und mit ihm die heroische Ära der modernen Kunst. Im prosperierenden Sachsen reift die Saat der Kunstrevolte gut behütet im technisch-kaufmännischen Mittelstand heran. Die künftigen Brücke-Protagonisten finden paarweise, getrennt in Dresden und Chemnitz, zueinander, bevor mit ihrem schicksalhaften Zusammentreffen an der Technischen Hochschule in Dresden eine „Geschichte mit vielen Knoten" beginnt.

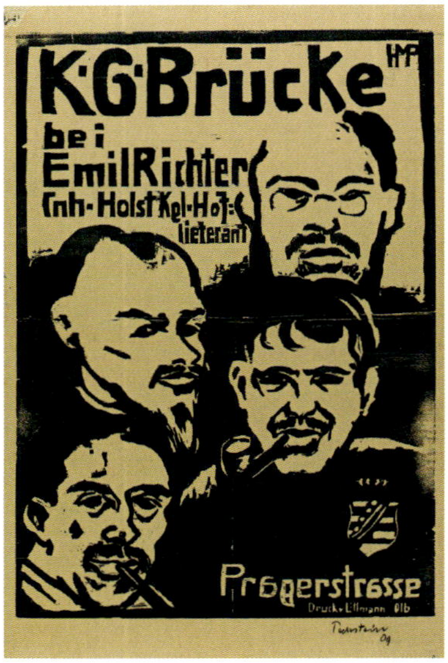

Max Pechstein
K. G. Brücke, 1909
Ausstellungsplakat (Holzschnitt),
83,8 x 60 cm
Staatsgalerie Stuttgart,
Graphische Sammlung

Kirchner und Bleyl begegnen sich hier bereits Ende 1901 in einem Geometriekurs. Beide 1880 geboren, studieren Architektur, weil die Väter – Chemie-Ingenieur in der Papierindustrie der eine, Buchhalter einer Baufirma der andere – es so wollen. Aufgewachsen ist der Aschaffenburger Kirchner seit 1890 in Chemnitz, Bleyl im benachbarten Zwickau. Dieser schließt sein Abitur mit Auszeichnung und einer Prämie im Zeichnen ab; jener, früh künstlerisch gefördert in privatem Unterricht, hat schon „um 1900 die kühne Idee, die deutsche Kunst neu zu beleben". Als Schüler imponiert ihm ein Jugendfreund des Vaters: Otto Lilienthal, „fleißig, frei, freudig"; der geniale Flugtechniker wird „innerlich ein Vorbild". Die spontane Neigung der Studienkameraden fußt auf der gemeinsamen Liebe zum freien Zeichnen und Malen in der Dresdener Landschaft.

Zur gleichen Zeit bildet sich in Chemnitz die zweite Keimzelle. Heckel, 1883 im sächsischen Döbeln als Sohn eines Eisenbahnbau-Ingenieurs geboren, und Karl Schmidt, der ein Jahr jüngere Müllerssohn aus dem Vorort Rottluff, treffen sich als Gymnasiasten im literarischen Debattierklub „Vulkan" und werden Freunde fürs Leben. Auf dem Programm stehen Ibsen, Strindberg, Dostojewski – und Nietzsche. Nein zu Gott und zur „Ewigkeit der schönen Form", das ist ihr Antrieb zur Kunst. Heckel will Dichter werden. Mit dem Freund wandert er skizzierend durch die Umgebung der Industriestadt. Im Frühjahr 1904 wechselt auch er auf Druck des Elternhauses an die Technische Hochschule, lernt hier das Duo Kirchner-Bleyl kennen und schließt sich tatkräftig dessen inoffiziellen Kunststudien an. Zum Sommersemester 1905 beginnt Schmidt als Letzter sein Architekturstudium in Dresden; mit Gründung der Brücke wird er sich stolz Schmidt-Rottluff nennen.

Das Quartett ist komplett. Begeistert wird Kirchners Idee, „eine freie Vereinigung zu machen", in Angriff genommen.

Geburtsmythen

Am 7. Juni 1905 geben vier Architekturstudenten, der älteste gerade 25, der jüngste keine 22 Jahre alt, ihrem Aufbruch zur Kunst einen Namen: Brücke. „Wir haben natürlich überlegt, wie wir an die Öffentlichkeit treten könnten", erinnert sich Heckel. „Eines Abends sprachen wir auf dem Nachhauseweg wieder davon. Schmidt-Rottluff sagte, wir könnten das ‚Brücke' nennen – das sei ein vielschichtiges Wort, würde kein Programm bedeuten, aber gewissermaßen von einem Ufer zum anderen führen. Wovon wir weg mussten, war uns klar – wohin wir kommen würden, stand allerdings weniger fest."

„Oft stand ich mitten im Coitus auf, um eine Bewegung, einen Ausdruck zu notieren."
— ERNST LUDWIG KIRCHNER

Fast zeitgleich mit diesem jähen Aufbruch erschüttern in Paris die Farbstürme von Matisse, Derain, Vlaminck und Rouault die Öffentlichkeit. Erstmals im „Salon d'automne" präsentiert, provozieren sie bei der Kunstkritik den Spottruf „Les Fauves" – die wilden Tiere. Kirchner und Bleyl, Heckel und Schmidt-Rottluff indes, die deutschen Wilden aus bürgerlichem Haus, ahnen davon noch nichts. Sie eint zunächst allein der Wille zur Kunst und die Wut des Protests: wider die Väter und den Beruf, gegen Establishment und Reglement im Kunstbetrieb – für Freiheit der Arbeit und des Ausdrucks: „das freie Zeichnen nach dem freien Menschen in freier Natürlichkeit" (Abb. S. 9).

Mit der Künstlergemeinschaft, hervorgegangen aus der Freundschaft junger Männer, lebt unwissentlich ein Wunschbild der Romantik wieder auf. Die Sehnsucht nach der

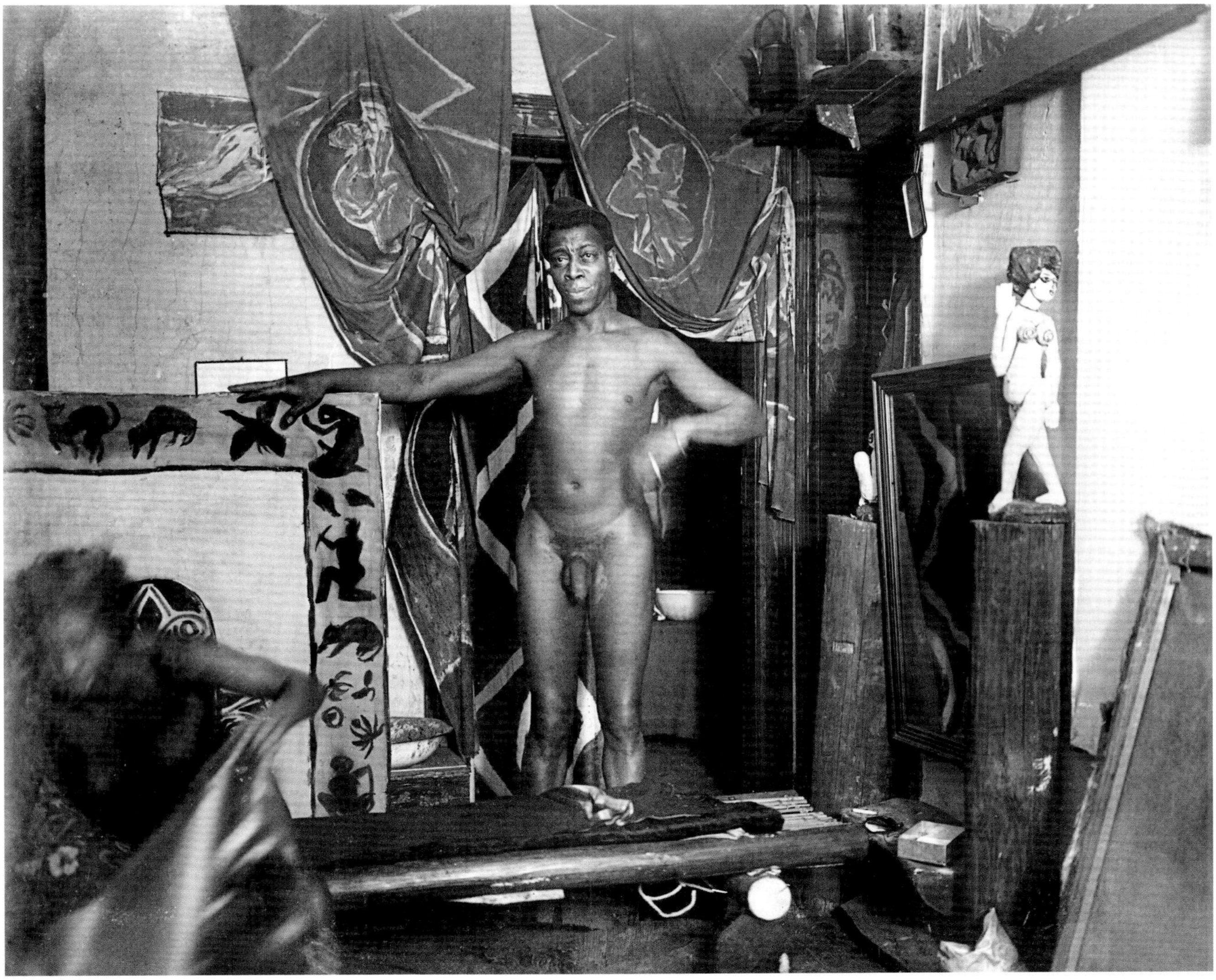

Ernst Ludwig Kirchner
Die Artisten Milli und Sam in Kirchners Atelier, Berliner Straße 80, Dresden,
um 1910/11
Fotografie
Kirchner Museum Davos

Einheit von Kunst und Leben greift den Traum vom Gesamtkunstwerk auf, der sich als Antwort auf Rationalismus und Entfremdung in frühindustrieller Welt erstmals bei Richard Wagner 1849 artikuliert und zur Jahrhundertwende Jugendstil und Lebensreform inspiriert. Der Aufstand der Autodidakten beginnt ohne Stil, aber mit großer Attitüde. „Odi profanum" ist ihr Motto – in Anspielung auf eine Ode des Horaz: „Hinweg, unheil'ger Pöbel!" Als Stoßtrupp schließen sie sich – ungeachtet existenzieller Not und abgebrochener Berufskarrieren – nach der elitären Direktive Nietzsches als Speerspitze des Neuen gegen den Rest der Welt demonstrativ zusammen. Das eigene Kunstwollen indes muss erst noch – wider alle Selbstzweifel – aus wildem Naturstudium herausdestilliert werden. Mit diesem Vorsatz erklimmt Heckel vorerst nur die Treppe zu Kirchners Studentenbude, wo die Mädchen warten: „ein Wollender, ein Schaffender, eine Brücke zur Zukunft – und ach, auch noch gleichsam ein Krüppel an dieser Brücke".

Praxis: Arbeit am Akt

„Wöchentlich einmal kamen wir regelmäßig, zuerst bei Kirchner, zusammen. Der Wunsch, nach dem lebenden Modell zu zeichnen, wurde verwirklicht und sogleich durchgeführt, nicht in herkömmlicher akademischer Weise, sondern als ‚Viertelstundenakt'", erinnert sich Bleyl, in dessen Unterkunft die Praxis des „freien Zeichnens nach dem freien Menschen" im Takt rasanter Stellungswechsel fortgesetzt wird, als Kirchners

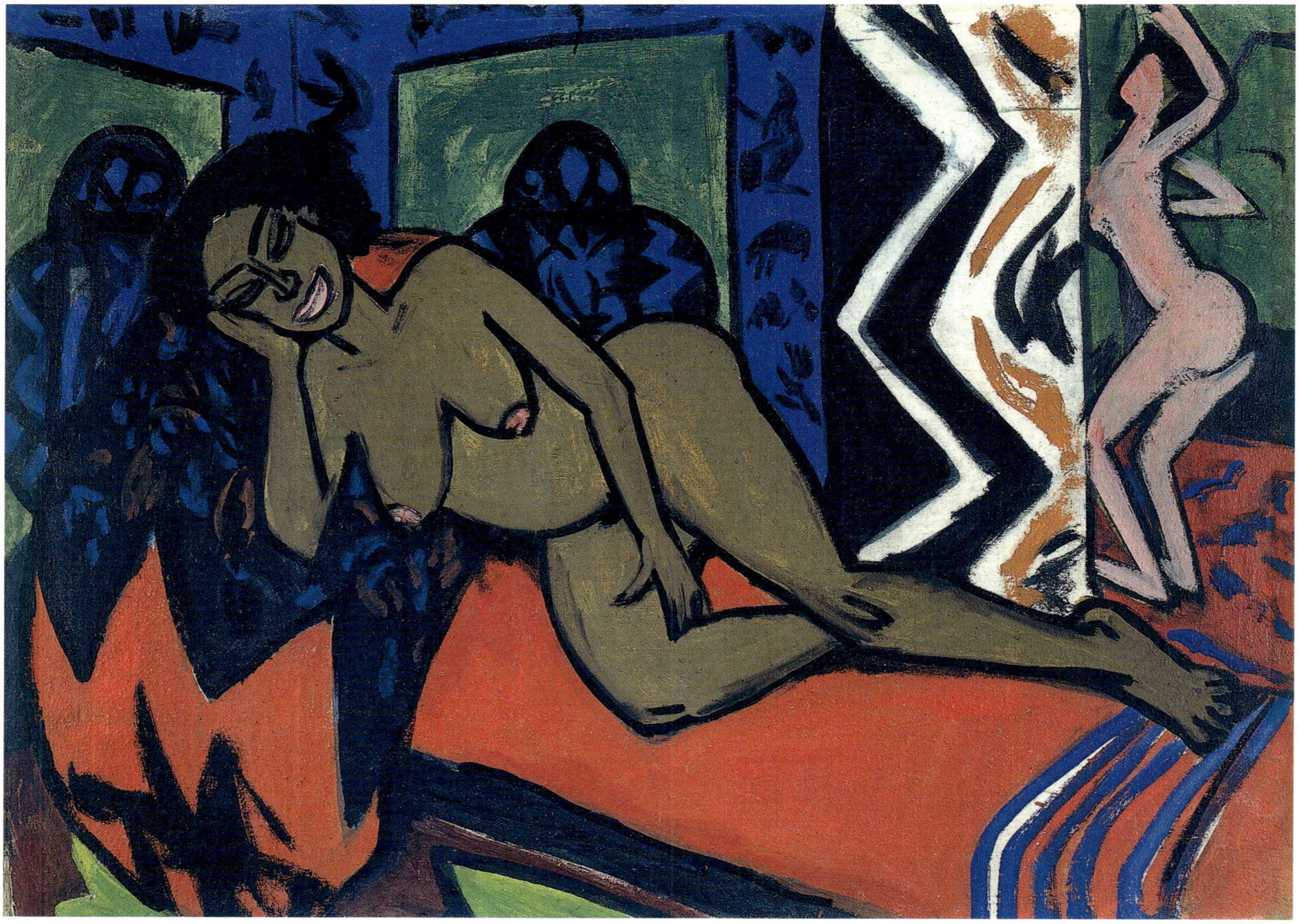

Ernst Ludwig Kirchner
Schlafende Milli, 1911
Öl auf Leinwand, 64 x 92 cm
Kunsthalle Bremen

Wirtin die Nerven verliert. „Bald hatten wir als Modell ein bezauberndes junges Mädchen, fast noch ein Kind, die etwa fünfzehnjährige Isabella gefunden, ein quicklebendiges, schönstgebautes, fröhlich und gewandt auf unsere künstlerischen Ansprüche eingehendes Persönchen. Mit wahrer Begeisterung wurde eine Stunde lang gearbeitet, und manche gelungene Akt- und Bewegungszeichnung hingelegt, ja hingehauen … so waren wir von geradezu herrlicher Arbeitswut besessen."

„100e von Blättern am Tag, dazwischen Rede und Spiel, die Maler wurden mit zu Modellen und umgekehrt", schreibt rückblickend der besessene Arbeiter Kirchner ins Davoser Tagebuch. Eine Vorahnung hat er während seines Münchener Studienaufenthalts 1903/04 in den privaten „Lehrateliers für angewandte und freie Künste" erhalten, wo statt des „verknöcherten" Kopierens nach Gipsabgüssen Bewegungsstudien im Freien auf dem Plan standen. Jetzt aber, in eigener Regie, geht es ums Ganze: „Alle Begegnungen des täglichen Lebens wurden so dem Gedächtnis einverleibt. Das Atelier wurde eine Heimstatt den Menschen, die gezeichnet wurden: Sie lernten von den Malern, die Maler von ihnen. Unmittelbar und reichhaltig nahmen die Bilder das Leben auf" (Abb. S. 10).

Der deutsche Expressionismus beginnt hier und jetzt: Geburt aus dem Geist der Zeichnung und aus einem Energiefeld vibrierender Wechselwirkungen. Vor bewegten nackten Körpern im kargen Raum, beim blitzartigen Erfassen psychischer Schwingungen und unbewussten Gebärdenspiels, im gegenseitig sich steigernden Gleichklang des Wollens bis zur Erschöpfung, kurzum: in der „Ekstase des ersten Sehens" befreien sich die vier Kunsteleven aus erstarrter „Linienseligkeit" des Jugendstils. Im unreflektierten Schöpfungsakt wie „in Trance" kristallisieren sich Ursprung und Grundlage des genuinen Brücke-Expressionismus heraus.

Zur Reife und in die Balance gelangt dies erst zwischen 1909 und 1911. Beim frühreifen Ringen um das „große Bild" indes wildern die Abenteurer vorerst noch in fremden Gehegen zeitgeistiger Moden zwischen Symbolismus Schweizer Prägung und Neoimpressionismus französischer Provenienz. Doch nach dem Dresdener Debüt des existenzialistischen Ekstatikers van Gogh in der Avantgarde-Galerie Ernst Arnold im November 1905 geraten sie auch auf der Leinwand „außer Rand und Band".

Gesamtkunstwerk Atelier

Im August 1906 zieht es Kirchner in die Dresdener Friedrichstadt, in das Vorstadtmilieu der kleinen Leute. Er richtet sich zunächst im Eckhaus Berliner Straße 60 ein, in Rufweite zur Geschäftsstelle der Brücke, die Heckel von der elterlichen Wohnung auf der Straßenseite gegenüber betreibt.

„Was groß ist am Menschen, das ist, dass er eine Brücke und kein Zweck ist; was geliebt werden kann am Menschen, das ist, dass er ein Übergang und ein Untergang ist."

— FRIEDRICH NIETZSCHE, ALSO SPRACH ZARATHUSTRA, 1883

Schon 1907, nach der ersten Brücke-Ausstellung im Kunstsalon Emil Richter, sucht der unerschrockene Dresdener Journalist Ernst Köhler-Haussen Kirchner auf – und ist so erschüttert wie fasziniert, „fand ich doch das Atelier eines jungen Werdenden weit draußen in der Friedrichstadt in einem – Laden. Kalt wars darin, ein bisschen unbequem auch: aber voll Mut und Hoffnung schlug das Herz des jungen Künstlers, seine Ideale standen ihm über allem und seine Arbeiten predigten mir in ihrer Konsequenz ... über die glückselige Einseitigkeit des künstlerischen Temperaments."

Ab November 1909 wird ein „enger Kramerladen, der sich mit einer großen Scheibe nach der Straße öffnete", im Erdgeschoss Berliner Straße Nr. 80 zum „Wohn-, Schlaf- und Arbeitsraum in einem" – das Brücke-Atelier: „Keimzelle des gemeinsamen Arbeitens". „Hier waren wir jede freie Stunde", ungestört beim Aktzeichnen, Möbelschnitzen und Bildermalen, beim Pläneschmieden und Philosophieren, bei Tanz und Spiel mit jungen Aktmodellen und farbigen Zirkusartisten.

In diesen drei kleinen Räumen, die der Amateurfotograf Kirchner dokumentiert wie später auch seine Berliner und Davoser Ateliers, verdichtet und vollendet sich im Teamwork mit Heckel und Freundinnen erstmals das, was bislang als Einheit von Kunst und Leben nur ein Traum war: die kreative Durchgestaltung des Lebensraums zu einem Gesamtkunstwerk.

Bemalte Wände, gebatikte Vorhänge, geschnitzte Möbel und Utensilien, exotische Sammelobjekte neben eigenen Skulpturen und Bildern – in Zeichnungen, Aquarellen und Gemälden werden sie und die „quicklebendigen Aktmodelle" zu Requisiten der Selbstinszenierung in antibürgerlicher Attitüde, Kulisse einer autonomen Kunstwelt, die zugleich Spiegel einer originären Lebensform ist. Das Atelier ist Bühne und Refugium, Manifest und Mikrokosmos. Es dient der Selbstfeier und als Inspirationsquelle. In Kirchners Chronik wird es 1913 heißen: „Heckel und Kirchner versuchten, die neue Malerei mit dem Raum in Einklang zu bringen." Doch erst aus Davoser Retrospektive gelingt es Kirchner, aus der Brücke-Praxis eine systematische Kunstanschauung zu (re-)konstruieren. „Der Weg der Entwicklung in diesen Dingen des äußeren Lebens, von der ersten applizierten Decke im ersten Dresdner Atelierzimmer bis zum vollendeten harmonischen Raum in den Berliner Ateliers der einzelnen, ist eine ununterbrochene logische Steigerung, die Hand in Hand ging mit der malerischen Entwicklung der Bilder und Grafik und Plastik ... Die Liebe, die der Maler dem Mädchen entgegenbrachte, die sein Gefährte und sein Helfer war, ging über auf die geschnitzte Figur, veredelte sich über die Umgebung in das Bild und vermittelte wiederum die besondere Stuhl- oder Tischform aus der Lebensgewohnheit des menschlichen Vorbildes. Das ist der Weg des Kunstschaffens am einfachen Beispiel. Das ist die Kunstanschauung der Brücke."

Programm: Brücke zwischen Künstler und Publikum

Ein Programm erscheint spät. Das Wort „Kunst" kommt darin nicht vor. Die *Elbtal-Abendpost* veröffentlicht den Text, von Kirchner markig in einem Holzschnitt formuliert, am 9. Oktober 1906 anlässlich der legendären ersten Ausstellung der Brücke am Ort ihrer Gründung, im Mustersaal einer Lampenfabrik in Dresden-Löbtau (Abb. S. 13 links):

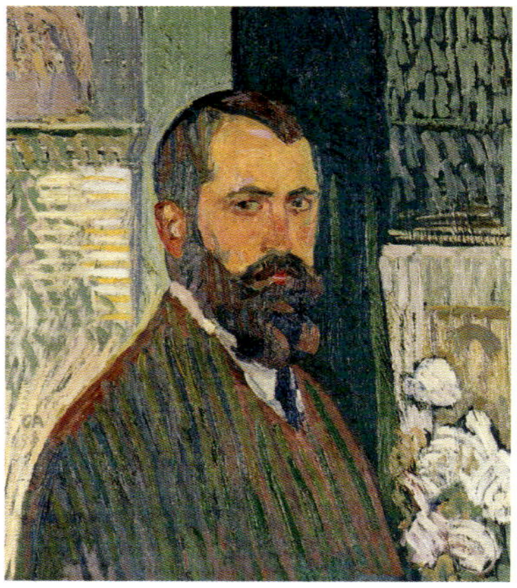

Cuno Amiet
Selbstbildnis, 1908
Öl auf Leinwand, 60 x 54 cm
Essen, Museum Folkwang

„Mit dem Glauben an Entwicklung, an eine neue Generation der Schaffenden wie der Genießenden rufen wir alle Jugend zusammen und als Jugend, die die Zukunft trägt, wollen wir uns Arm- und Lebensfreiheit verschaffen gegenüber den wohlangesessenen älteren Kräften. Der gehört zu uns, der unmittelbar und unverfälscht das wiedergibt, was ihn zum Schaffen drängt."

Wahrlich, kein „neues Kunstprogramm", von ästhetischer Strategie keine Spur; vielmehr: ein tatbereites Credo des Neuen Menschen, der Ruf nach Freiheit und Gemeinschaft. Hier artikuliert sich mit Absolutheitsanspruch subjektiver Ausdruckswille und – quasi im Gegenzug – explizit etwas wirklich Neues: das Bewusstsein vom notwendigen Bündnis zwischen Künstler und Publikum, Kunst und Kennerschaft als Bedingung der Moderne. Mit ihrer pragmatisch-gewitzten, hochprofessionellen Selbstarbeit an diesem Pakt übernimmt die Brücke allerdings eine Pionierrolle in der Geschichte der Avantgarden. In Ausstellungstourneen und Werbekampagnen, die eigene Bilder und Druckgrafik in Umlauf bringen, etabliert sie souverän eine „Schule des Sehens" im modernen Milieu für ihre radikale Formsprache und programmiert die gemeinsame Erfolgsgeschichte – in der Praxis, nicht durch Theorie – lange bevor der Blaue Reiter das Große Geistige in die Kunst trägt.

„Exotismus berauschte die sächsischen Primitiven aus optischem Vorstellungsmangel."
— CARL EINSTEIN

Basisgruppe: Alltag und Aufbruch

Unverblümt siedelt Schmidt-Rottluff schon im Februar 1906 das Selbstverständnis der Gruppe zwischen Höhenflug und Geschäftssinn an. „Dass ich gleich mit der Sprache herausrücke – die hiesige Künstlergruppe Brücke würde es sich zur hohen Ehre anrechnen, Sie als Mitglied begrüßen zu können", schreibt er, kurzzeitig mit Sekretärsaufgaben betraut, dem fortgeschrittenen, 17 Jahre älteren Emil Nolde. „Nun, eine von den Bestrebungen der Brücke ist, alle revolutionären und gärenden Elemente an sich zu ziehen – das besagt der Name Brücke. Die Gruppe besorgt außerdem jährlich mehrere Ausstellungen, die sie in Deutschland tournieren lässt, so dass damit der Einzelne der Geschäfte enthoben wird ... Nun, geehrter Herr Nolde, denken Sie wie und was Sie wollen, wir haben Ihnen hiermit den Zoll für Ihre Farbenstürme entrichten wollen. Ergebenst und huldigend die K.G. Brücke."

Der Appell zum Anschluss findet Gehör. Doch Nolde, noch vor seinem künstlerischen Durchbruch als Farbmystiker, erklärt nach weniger als zwei Jahren seinen Austritt. Pendelnd zwischen Berliner Unverständnis und einer einsamen Ostseeinsel fühlt er sich vom Sturm und Drang der „zukunftsfrohen, jungen Maler" und ihrem Trend zum Einheitsstil menschlich wie künstlerisch „gestört". Immerhin hat er dem Brücke-Team nicht nur kunsthistorisch folgenreiche Kontakte vermittelt, sondern auch die Kunst der Radierung. Im Gegenzug lernt er die Vorzüge des urwüchsigen Holzschnitts schätzen.

Im Frühjahr desselben Jahres wächst der Gruppe mit einem preisgekrönten Meisterschüler Otto Gußmanns an der Dresdener Kunstakademie ein wirkliches Basismitglied zu. Landsmann Max Pechstein, 1881 in einfachen Zwickauer Verhältnissen geboren, dekoratives Talent mit hoher Ambition und leichter Auffassungsgabe, wird von Heckel entdeckt und umgehend angeheuert. Nur einmal noch wird sich ein „selbstverständliches Mitglied der Brücke" finden: Der schweigsame Schlesier Otto Mueller, ein weiser Lächler, erscheint den sächsischen Hedonisten als ideale Verkörperung der „sinnlichen Harmonie" von Leben und Werk. „Die erste Begegnung mit Otto Muellers Bildern geschah in Berlin in der Ausstellung der ‚Zurückgewiesenen der Berliner Secession' im Frühjahr 1910", schreibt Heckel später, „mit ihm selbst noch am gleichen Tag in seinem Atelier Mommsenstraße. Für jeden von uns war sie [= die Begegnung mit ihm] bedeutsam und im fruchtbaren Moment, und es war selbstverständlich, dass er von nun an zur Gemeinschaft der Brücke gehörte."

Im Gegenzug hat sich Bleyl schon 1907 von der Truppe ins geordnete Berufs- und Privatleben abgesetzt; er bleibt mit ökonomisch guten Gründen der Architektur treu. Damit ist für alle Zukunft das Viergestirn Kirchner, Heckel, Schmidt-Rottluff und

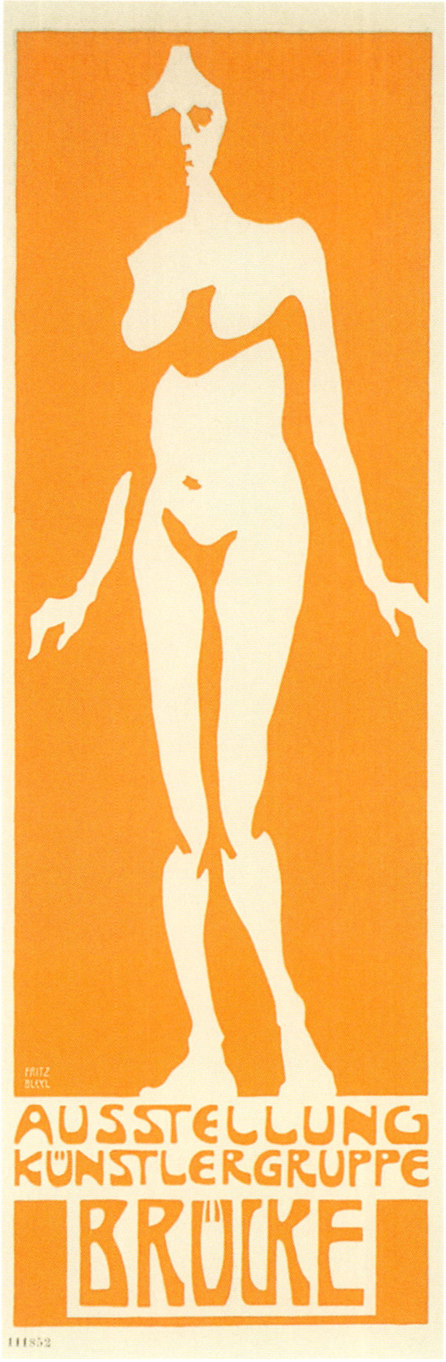

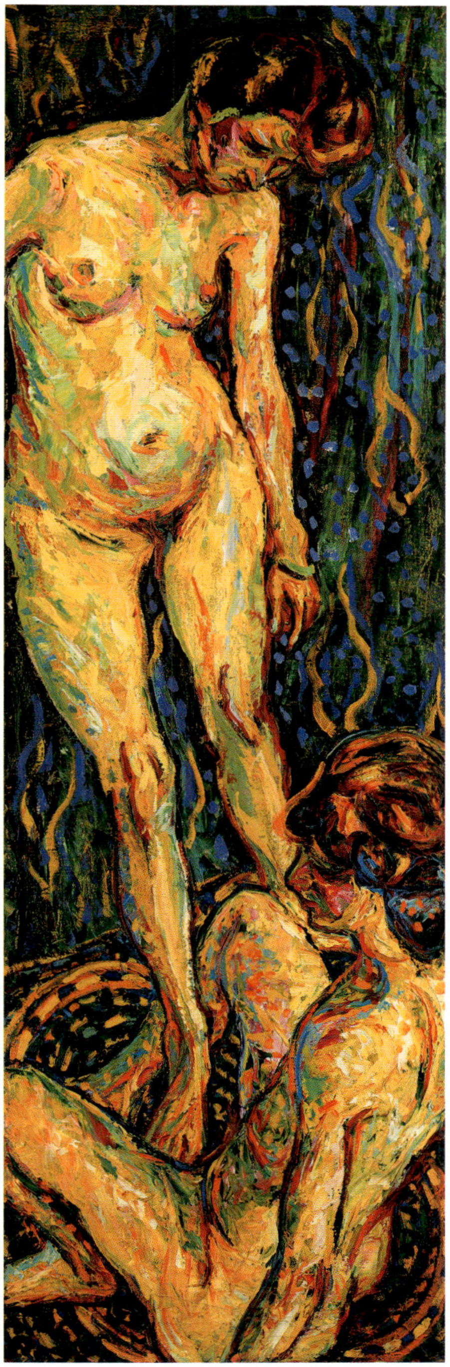

„Ihr solltet Euch nicht Brücke, sondern ‚van Goghiana' nennen."
— EMIL NOLDE

LINKS
Fritz Bleyl
Plakat zur Brücke-Ausstellung, Dresden, 1906,
Lithografie, 69,2 x 22,5 cm
Staatliche Kunstsammlungen Dresden, Kupferstich-Kabinett

RECHTS
Ernst Ludwig Kirchner
Aktgruppe II, 1907/08
Öl auf Leinwand, 196 x 66 cm
Wichtrach/Bern, Galerie Henze & Ketterer

Pechstein als Kern und Inbegriff der Brücke definiert – und eigensinnig am Rande, doch hoch geschätzt von jedem: Mueller. Die Werbung weiterer „aktiver Mitglieder", die in Ausstellungen und im Ausland als Gleichgesinnte aufgespürt und an den eigenen Präsentationen und Aktivitäten beteiligt werden, ist keineswegs erfolglos. Doch diese bleiben ferne, gelegentlich hilfreiche Trabanten.

Am stärksten treten der Schweizer Cuno Amiet, Bewunderer van Goghs (Abb. S. 12), und der Holländer Kees van Dongen (Abb. S. 15) aus dem Kreis der „Fauves" in Erscheinung; der eine 1906 von Heckel postalisch, der andere von Pechstein 1908 persönlich in Paris angesprochen. Amiet, seiner abstrahierenden Farbflächenmalerei wegen geachtet, wirkt beim Akquirieren passiver Mitglieder, durch Künstlerkontakte und zahlreiche

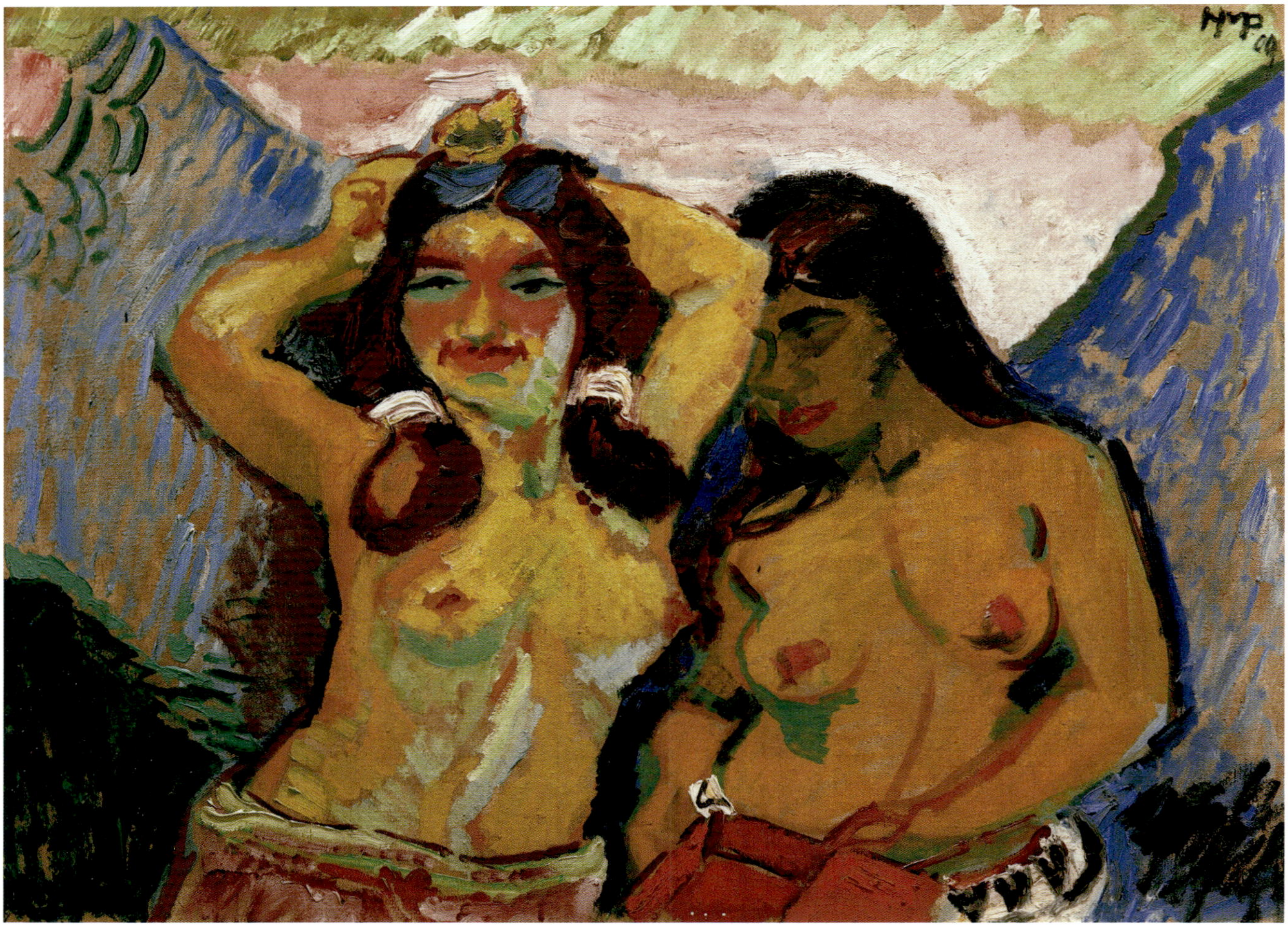

Max Pechstein
Zwei Mädchen, 1909
Öl auf Leinwand, 87,6 x 120 cm
Nürnberg, Germanisches National-museum

„Wir lebten in absoluter Harmonie, arbeiteten und badeten. Fehlte als Gegenpol ein männliches Modell, so sprang einer von uns dreien in die Bresche."
— MAX PECHSTEIN

SEITE 15
Kees van Dongen
Bildnis Fernande, 1906
Öl auf Leinwand, 100 x 81 cm
Privatbesitz

Ausstellungsbeteiligungen mit; er ist – bei aller geografischen und künstlerischen Distanz – bis zum Schluss aktiv, trifft die Freunde persönlich aber erst 1912 auf der „Sonderbund-Ausstellung" in Köln. Van Dongen, die international bedeutendste Anwerbung der Brücke, beteiligt sich auf Einladung Pechsteins 1908 an der Parallelausstellung französischer Künstler im Kunstsalon Richter und wird ein Jahr als Mitglied geführt; er vermittelt die Teilnahme an der 25. Ausstellung der Société des Artistes Indépendants in Paris, die jedoch nicht zustande kommt.

Eher folgenlose Brücke-Gastspiele geben 1907 der finnische Symbolist Akseli Gallén-Kallela (1865–1931) und ein Jahr später der Hamburger Maler Franz Nölken (1884–1918), der rasch zu Matisse nach Paris entschwindet; zuletzt noch, im August 1911 nach einem Besuch von Kirchner und Mueller in Prag, Bohumil Kubista (1884–1918) von der Künstlervereinigung „Manès". Im übersichtlichen Kreis der Ausstellungsgäste fällt 1906/07 – mit symbolistischen Farbholzschnitten in Jugendstilmanier – der künftige Gegenspieler im Geist auf: Wassily Kandinsky (Abb. S. 28). Mit Edvard Munch und Henri Matisse fordert die Brücke zudem die Überväter der eigenen Rebellion zum Beitritt auf – vergeblich.

So ist man unter sich. Die Rollen werden je nach Eigenart und Situation verteilt. Kirchner und Heckel geben den Ton an: der eine, impulsiv und passioniert, als Programmatiker – der andere, besonnen und belesen, als Organisator. Das Führungsduo ergänzt sich in Wesen und Funktion. Heckel, „der Intelligenteste von uns", immer ein Stück Walt Whitman, Arno Holz oder später Stefan George auf den Lippen, agiert als rastloser Geschäftsführer vom elterlichen Wohnhaus aus. Hierher zieht es auch Kirchner, dessen

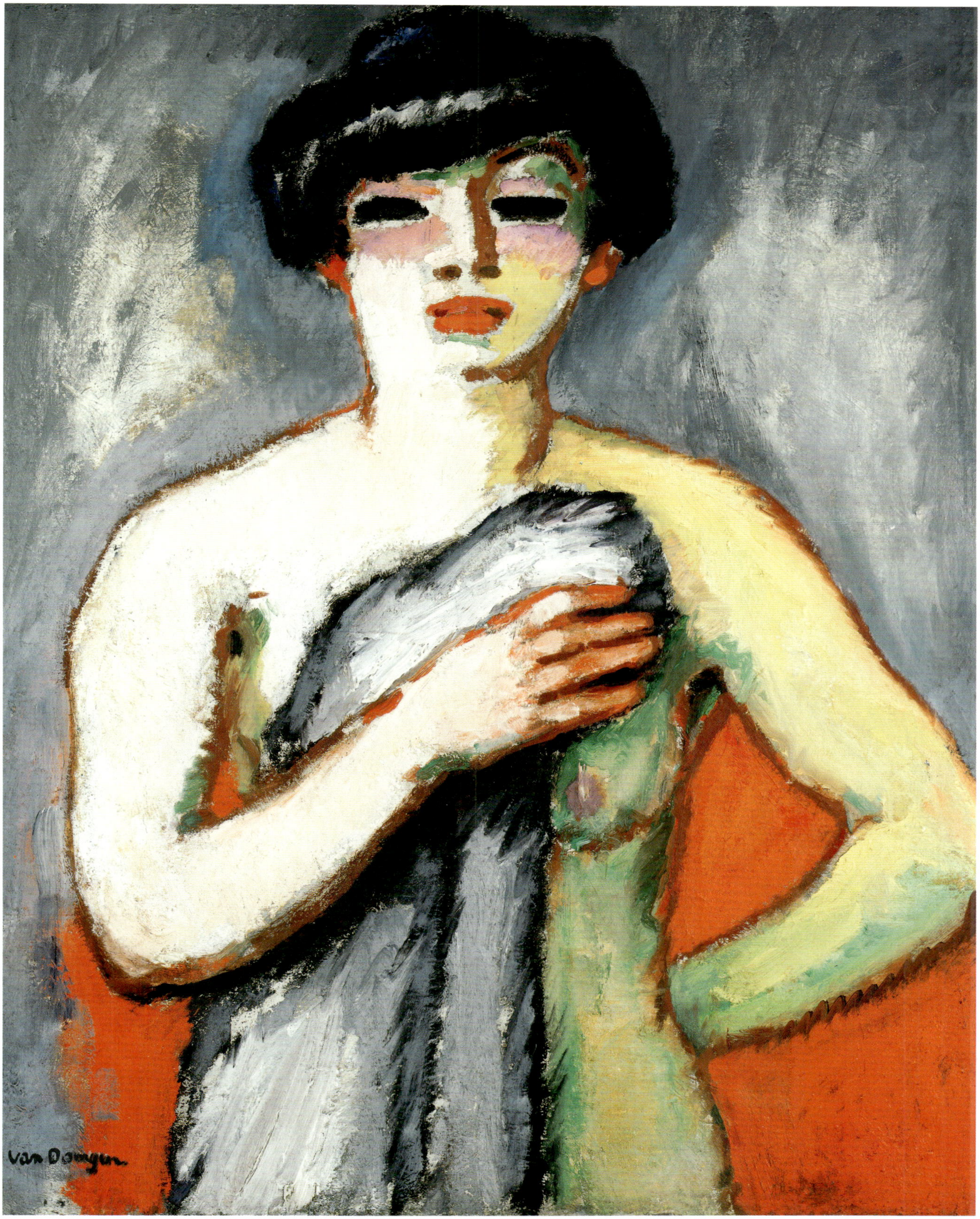
van Dongen

„unruhig suchendes Wesen … früh den Charakter einer ziemlich verschlossenen Bitterkeit" annimmt. Der Kopf der Truppe reist wenig und arbeitet viel. Er feilt an Programmen und wirkt als stärkste bildnerische Kraft schon jetzt. Mit dem empfindsamen Romantiker Heckel verbindet ihn intellektuelle Sympathie – und eine besonders enge Arbeitsgemeinschaft bei den Ausstattungen der Ateliers und an den Moritzburger Teichen.

Schmidt-Rottluff hingegen, von sprödem Eigensinn, rigoros in seinem Kunstwollen, ist naturwüchsiger Gegenpol Kirchners. Er verweigert sich kollektiven Mal-Aktionen, arbeitet lieber einsam im nördlichen Dangaster Moor, gelegentlich aufgesucht von Heckel. Pechstein schließlich, Handwerker mit kunstakademischer Bildung, hat viel wettzumachen. Mit seinem „Rompreis" wechselt er 1907/08 über Paris nach Berlin, wo er seit Herbst 1908 Schwerkraft entfaltet, ist aber immer wieder gern zu Ausflügen in die irdischen Paradiese der Brücke bereit.

Die wechselnden, teils stabileren, teils fliegenden Zweier- und Dreierbeziehungen geben dem inneren Zusammenhalt der Brücke Spannkraft: Heckel und Schmidt-Rottluff; Pechstein und Heckel; Schmidt-Rottluff und Nolde; Kirchner und Mueller; immer wieder Kirchner, Heckel und Pechstein; Heckel überall als ausgleichender Vermittler – und kein einziges Mal Kirchner und Schmidt-Rottluff. Es ist jedoch vor allem diese Freundschaft in der menschlichen wie künstlerischen Antithese, die der Brücke-Gemeinschaft ungewöhnlich dauerhafte Bindekraft verleiht.

„Wir müssen jenseits der Erkenntnisse wieder Wärme und Heimat finden."

— ERICH HECKEL
AN WALTER KAESBACH, JANUAR 1914

Chronik des Erfolgs: Stationen und Strategien

Die „jungen Stürmer" zögern nicht. Unverzüglich lassen sie sich 1906 in die erste Ausgabe von *Dresslers Kunstjahrbuch* eintragen als „Künstlergemeinschaft" mit Geschäftsstelle und Zweck: „Veranstaltung moderner Kunstausstellungen". Der *Dresdner Anzeiger* verkündet am 6. Oktober 1906 gar: „Die neue Künstlergruppe will das laufende Publikum ohne Vermittlung direkt mit den Künstlern in Verbindung setzen." Es beginnt eine systematische wie differenzierte Öffentlichkeitsarbeit. Sie sucht ihresgleichen unter den älteren Kunstvereinen und neueren Sezessionen, von denen die Infrastruktur der Moderne vorgeprägt wurde. Das Organisationstalent Heckel prägt sie, zeitweise assistiert von Schmidt-Rottluff, mit strategischem Geschick: „Es gab in München eine Transportgesellschaft, die einen Kalender herausgab, in ihm waren sämtliche Ausstellungsmöglichkeiten des ganzen Jahres verzeichnet. Man hatte eine Liste der Aussteller, die man anschreiben konnte."

Der Erfolg bleibt nicht aus. Ein halbes Jahr nach Gründung stellt die Brücke erstmals aus, vier Monate vor ihrer Trennung ein letztes Mal, dazwischen: mehr als 70 Gruppenausstellungen an über 50 Orten deutschlandweit und im Ausland – allein 1907 sind es 27 in ebenso vielen Städten – sowie 30 geschlossene Beteiligungen an größeren Expositionen! Bis zu drei Ausstellungen zirkulieren gleichzeitig. Logistische Prinzipien sind: kurze Etappen, geringe Transportkosten, variable Größenordnung je nach Raumangebot, bis zu sieben Stationen pro Tournee – von Flensburg bis Freiburg im Breisgau, von Aachen bis Königsberg, früh schon das Folkwang Museum in Hagen, später auch das Kaiser Wilhelm Museum in Krefeld, die Kieler Kunsthalle, das Museum Weimar und die Kunsthalle Basel.

Die Dresdener Auftritte, in eigener Regie und sorgfältig nach modernster Ausstellungsästhetik arrangiert, haben Methode. Nach den ersten Präsentationen in der Lampenfabrik Karl-Max Seifert kann von 1907 bis 1909, fast immer zu Beginn der Saison im September, eine Jahresschau im renommierten Kunstsalon Richter gezeigt werden. 1910 ist der öffentliche Höhepunkt in Dresden erreicht, der zugleich ein Abschied aus der Provinz sein wird. Die Brücke-Bilanz der führenden modernen Galerie Arnold in eben denselben Oberlichtsälen, in denen die jungen Künstler van Gogh und die Fauves erlebt hatten, ist beeindruckend: über 100 Gemälde, Aquarelle und Zeichnungen, Druckgrafik und Skulptur, die Dresdener Basisgruppe mit jeweils 20 Werken vertreten, daneben nur Amiet und schon als Gast Otto Mueller – eine geschlossene Demonstration des reifen „Brücke-Stils", Premiere des deutschen Expressionismus.

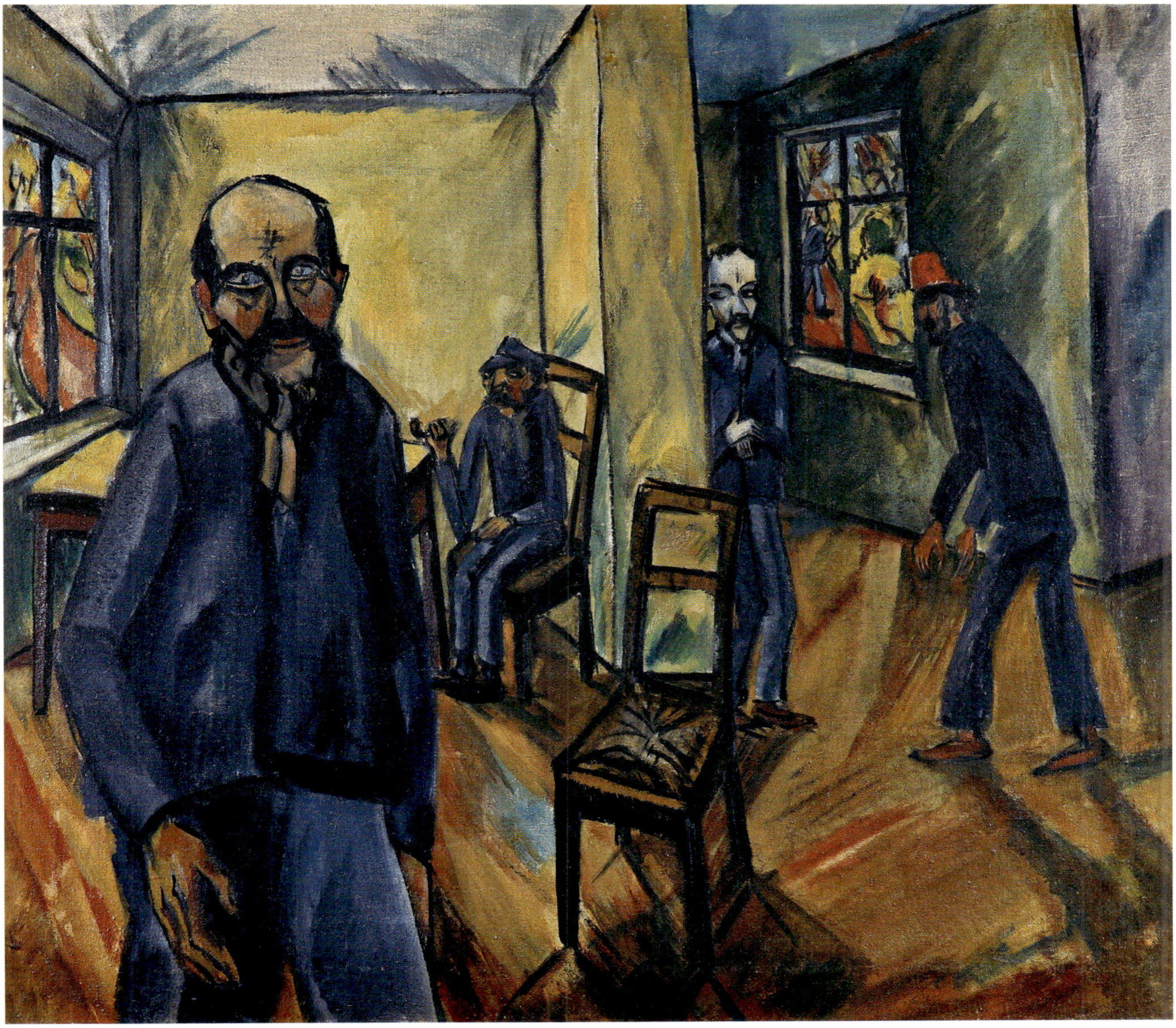

Erich Heckel
Das Irrenhaus (Der Irre), 1914
Öl auf Leinwand, 70,5 x 80,5 cm
Kunstmuseum Gelsenkirchen

Die Ausstellung gilt als Meilenstein der Moderne. Ihr Katalog ist ein Manifest der Künstlerfreundschaft. Mit seinem gemeinsam verantworteten Grafikdesign erweist er sich als schönstes Zeugnis des Teamgeists. Statt flauer Fotorepros der Gemälde – 20 Originalholzschnitte, die meisten in wechselseitigem Einverständnis von der Hand eines Künstlerfreundes. In der widerständigen Technik des Holzschnitts verdichtet sich die Ausdruckskraft der Malerei. Nur einmal noch, im April 1912 am neuen Wirkungsort Berlin, wird eine ähnlich umfassende Selbstdarstellung gelingen: in der Galerie Fritz Gurlitt. Sowohl in den Bildern als auch im Katalog, für den jeder seinen eigenen Beitrag liefert, zeigt sich hier die beginnende Entfremdung der Brücke. Im selben Jahr erreicht ihre öffentliche Popularität den Zenit. Die Einladung zur „Internationalen Sonderbund-Ausstellung" in Köln, vor allem der Auftrag zur Ausgestaltung der Kapelle mit Glasfenstern von Jan Thorn-Prikker (1868–1932) an Kirchner und Heckel – Schmidt-Rottluff steuert vier Reliefköpfe der Evangelisten bei –, kommt einem Durchbruch im Kreis der europäischen Avantgarde gleich.

Der kommerzielle Erfolg der selbst organisierten Ausstellungen hingegen bleibt verzweifelt gering. Das irritierte Publikum reagiert mit Ratlosigkeit und Ressentiments.

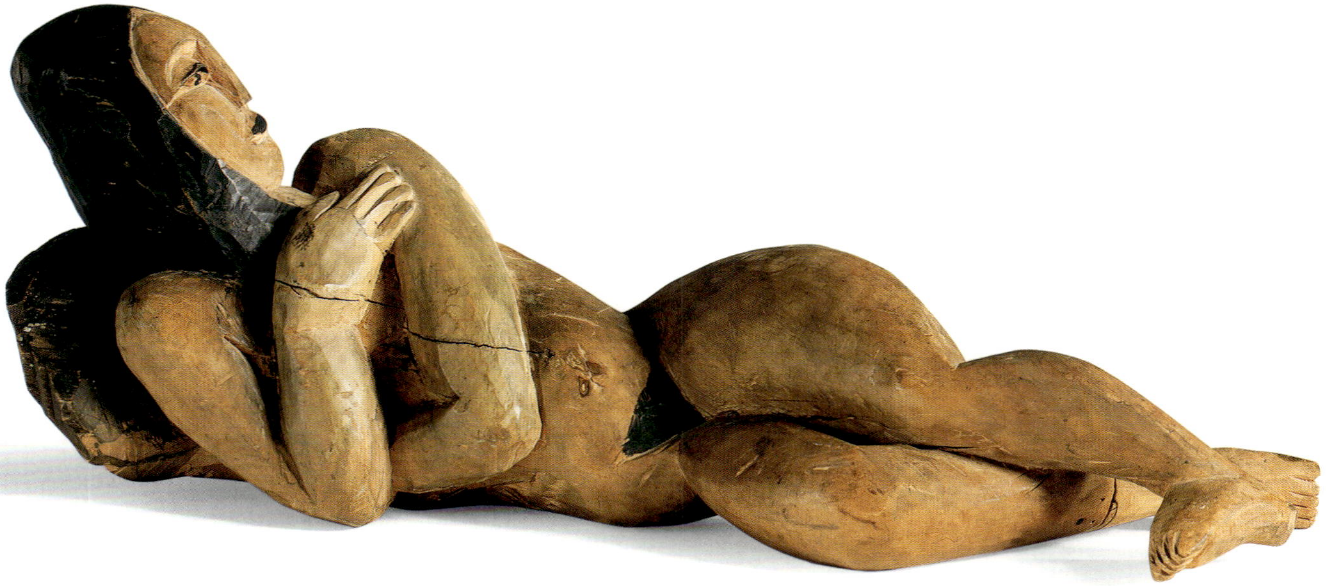

Ernst Ludwig Kirchner
Liegende, 1911/12
Kastanienholz, lasiert,
Länge 68 cm, Höhe 24,5 cm
Staatliche Kunstsammlungen Dresden,
Skulpturensammlung

„Es war ein glücklicher Zufall, dass sich die wirklichen Talente trafen …“
— ERNST LUDWIG KIRCHNER

Schmidt-Rottluff packt nach einer Tournee im Juli 1908 ein Bild aus und berichtet entsetzt: „der Rahmen ist mit Inschriften bedeckt: ‚Preisrätsel', weiter: ‚miserables Bild', weiter ‚Idiot', weiter ‚Blödsinnig'."

Die offizielle Kunstkritik ist zwiespältig. Das Spektrum reicht von hilflosem Lob für die neue „Sprache der Jugend" in der Lokalpresse über unterschiedlich gewichtige Rüffel wegen mangelnder Originalität – „französische Vorbilder haben verheerend gewirkt" – und harsche Polemik aus dem Apologetenkreis des Impressionismus bis zum aggressiven Verdikt an den „grellbunten Spielereien von irgendwelchen Kannibalen", den der Berliner Avantgarde-Galerist Herwarth Walden sogleich in seinem *Sturm*-Journal als Qualitätszertifikat publiziert. Der Dialog mit dem Publikum beschränkt sich jedoch keineswegs auf den Ausstellungsbetrieb und seine Begleiterscheinungen. Über kurz und lang erweist sich die Brücke-Allianz aus Künstlerakteuren und Kunstfreunden, Bluts- und Geistesverwandten, aus finanzkräftigen Sammlern und professionellen Propagandisten als ökonomisch sinnreicher und kunsthistorisch wirkungsvoller. Die Idee geht auf eine Initiative des erfahrenen Nolde zurück, dem Schmidt-Rottluff im März 1906 antwortet: „Passive Mitglieder. Wir sind damit einverstanden u. denken den Mitgliedern für ihren Beitrag eine Mappe zunächst vielleicht mit 3 Blatt zu überreichen u. ihnen dann alljährlich weitere Blätter zu überweisen." 1907 sind es 21 Personen – und als einzige Institution das Deutsche Buchgewerbemuseum Leipzig –, 1909 schon 54 und am Schluss an die 80 Brücke-Sympathisanten, die für einen jährlichen Beitrag von 12 Mark, seit 1911/12 für 25 Mark, originalgrafische Informationen und exklusive Jahresgaben empfangen.

Im sozialen Netzwerk ragen zwei Lichtgestalten der frühen Moderne heraus: Harry Graf Kessler, europäischer Aristokrat, Büchernarr, Museumsgründer, und der Sammler Gustav Schiefler, Amtsgerichtsdirektor in Hamburg, der Grafik-Werkverzeichnisse für Liebermann und Munch, Nolde und Kirchner publiziert; eine dritte ist Karl-Ernst Osthaus, der Erste, der Brücke-Bilder in seinem Folkwang Museum ausstellt und für dessen Sammlung erwirbt, doch tritt er der Gruppe nicht als Mitglied bei.

Der illustre Kreis umfasst aufgeschlossene Bildungsbürger und weltoffene Großbürger, die ihre vorexpressionistischen Kunstanschauungen mit der Künstlergruppe weiter entwickeln. Kirchners Vater ist dabei, Pechsteins Akademielehrer und Ada, die Ehefrau Noldes; Bekannte Amiets in der Schweiz kommen hinzu und Kenner Noldes, unter ihnen der Jurist Hans Fehr, Vorsitzender des Jenaer Kunstvereins; die Kunsthistorikerin Rosa Schapire wirbt in ihrem Freundeskreis fast 20 passive Mitglieder, Ärztinnen, Sammler und Richard Dehmel.

Die frühen Förderer vermitteln Ausstellungen und Kontakte, werben in Vorträgen und Aufsätzen für die neue Kunst, unterstützen ihre Schöpfer mit Ankäufen und Unterkünften. Sie vertreten ein weit verzweigtes Geflecht Gleichgesinnter, das Früchte auch dann noch trägt, als die Brücke längst ihren Gemeinschaftsgeist aufgegeben hat. Der spätere Direktor des Dresdener Stadtmuseums, Paul Ferdinand Schmidt, in dessen Münchener Galerie die letzte gemeinsame Ausstellung Anfang 1913 stattfindet, wird der zweiten Expressionisten-Generation um Otto Dix den Weg in die Öffentlichkeit ebnen.

Die gezielten, einfallsreichen Werbestrategien in eigener Sache, die die Brücke im privaten Bereich wie im öffentlichen Raum – oft raffiniert beiläufig per Postsendung oder Plakatanschlag – platziert, basieren auf effizienter Selbstverwaltung und planvollen Parallelaktionen. Schlichte Reklametaktik steht neben aufwendigem Appell an Sammlerleidenschaft, der Wunsch nach Exklusivität wird ebenso bedient wie die Gier auf Gratisgaben.

Ausnahmslos alle Brücke-Künstler sind Meister originaler Gebrauchsgrafik. Nicht nur Kataloge, Plakate und Einladungskarten, jährlich neue Mitgliedskarten, Namensverzeichnisse und Vignetten zu den Rechenschaftsberichten werden mit Feuereifer, zum Teil im Handabzug hergestellt, sondern auch alltägliches Werbematerial wie Signets, Schriftsätze und Briefköpfe. Der druckgrafische Eros vollendet sich in den Jahresmappen für die passiven Mitglieder – ein Zyklus, in dem sich die künstlerische Entwicklung der Gemeinschaft konzentriert wie in einem Brennspiegel. Sie erscheinen von 1906 bis 1912 in sieben Ausgaben und enthalten in der Regel jeweils drei Blätter. Die ersten drei Portfolios stellen verschiedene Künstler vor; ab 1909 präsentiert sich mit unterschiedlichen Techniken ein Künstler pro Mappe, deren Cover jeweils ein Kollege gestaltet. Zu Zeiten intensivster Gruppendynamik wird bewusst dem Einzelnen ein Forum eingeräumt, um dem Eindruck eines Einheitsstils entgegenzuwirken. Die letzte Mappe, die Mueller mit einem unikalen Golddruck eröffnet, ist dem untreuen Pechstein gewidmet; sie wird nicht mehr verteilt.

Eine autarke Finanzierung ihrer pragmatisch professionellen Basisarbeit erreicht die Brücke mit Jahresgaben im Abonnement indes nie, und so bleibt das große Ziel eines eigenen Ausstellungsdomizils bis zum Schluss „ideal, denn es fehlt noch das Geld". Pechstein berichtet vom „letzten Bankett" in Berlin: „Es gab wie immer selbst gekochten Apfelreis und Buletten. Hierzu einen von Heckel aufgesetzten Wacholderschnaps."

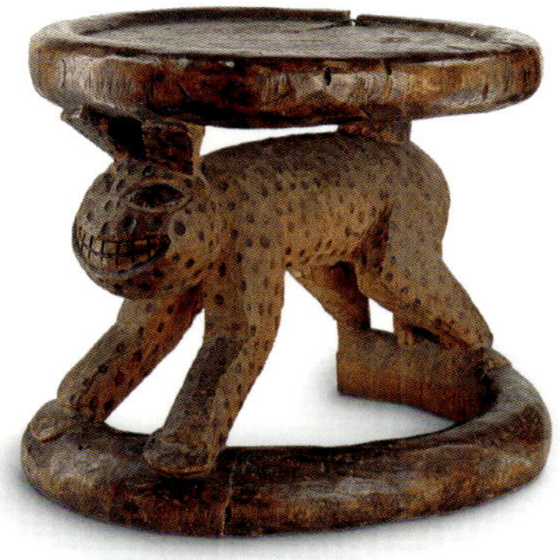

Leopardenhocker aus dem Besitz von Kirchner, Kamerun, 19. Jh. Holz, geschnitzt und bemalt, Höhe 35 cm, Durchmesser 42 cm Chur, Bündner Kunstmuseum

Irdische Paradiese

„Zurück zur Natur" – Rousseaus Schlagwort lebt in den Lebensreformprogrammen um 1900 wieder auf. Ob Wandervogel oder FKK-Fan, ob Naturmedizin, Kunsterziehungs- oder Frauenbewegung – die Sehnsucht nach Ursprünglichkeit und Authentizität ist gleichbedeutend mit Flucht aus Stadt und Gesellschaft, mit Widerstand gegen die Zwänge europäischer Zivilisation und die Verkrustungen Wilhelminischer Zwangsmoral. In Künstlerkolonien und Freilichtmalerei künden Vorboten der Moderne eine Kehrtwende auch in der Kunst an.

Schon als Student ist Kirchner überzeugt, „dass die zivilisierte Welt nichts als Enttäuschung böte und nur noch bei primitiven Menschen einige Erholung zu hoffen sei". Der kategorische Imperativ des Brücke-Programms fordert radikal die „unmittelbare und unverfälschte" Wiedergabe dessen, was „zum Schaffen drängt". Im wirklichen Leben suchen die Künstler persönliche Erfahrungen mit dem Exotischen und „Primitiven" in Zirkus und Zoo, bei populären Völkerschauen und im Dresdener Völkerkundemuseum, wo sie auf Artefakte aus Afrika und der Südsee treffen. Kirchner und Heckel entdecken in den farbigen Flachreliefs der Palaubalken das eigene Kunst- und Lebensprogramm wieder (Abb. S. 18, 19).

Gauguins „Atelier in den Tropen" – Inbegriff für den Traum vom Paradies in der Moderne – bleibt für sie unerreicht. Weder Heckel noch Schmidt-Rottluff können ihre geplanten Reisen nach Afrika verwirklichen. Noldes und Pechsteins späte Abenteuer in der Südsee enden abrupt 1914 mit dem Ausbruch des Ersten Weltkriegs. Gute zehn Jahre danach findet Mueller auf seinen Exkursionen zu den Zigeunern des Balkan kein Arkadien, vielmehr die verschlossene Welt von Außenseitern. Kirchner bleibt gleich ganz zu Hause.

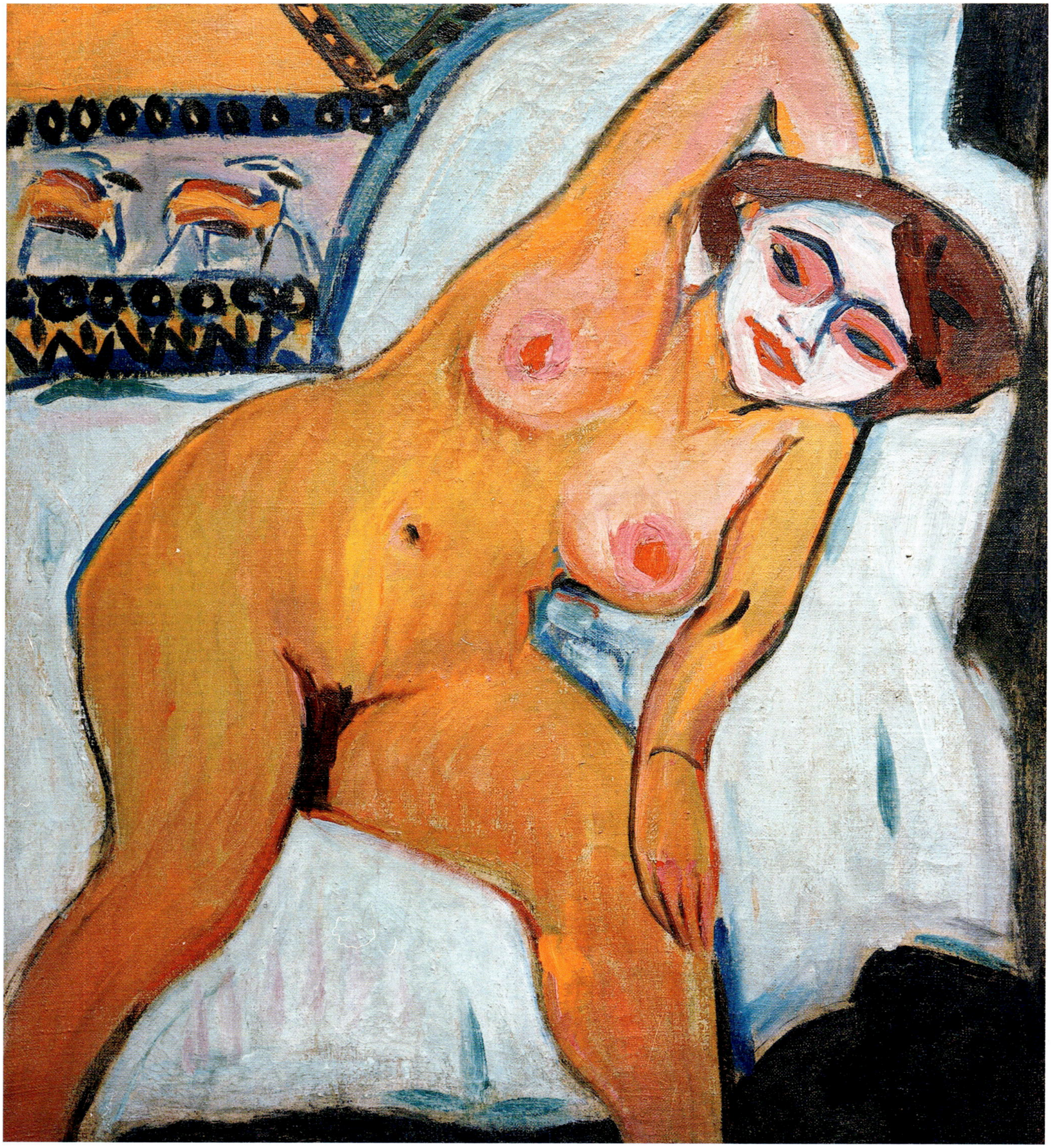

Erich Heckel
Akt (Dresden), 1910
Öl auf Leinwand, 80 x 70 cm
Privatbesitz

Die Paradiese der Brücke sind ganz und gar im Diesseits verankert. Atelier und Natur werden zu Basis und Bühne ihres Expressionismus. Dangast am Jadebusen, Moritzburg bei Dresden, Nidden auf der Kurischen Nehrung, Fehmarn in der Ostsee heißen die wichtigsten Fluchtpunkte auf der Suche nach „unmittelbarem und unverfälschtem" Ausdruck. Seit Schmidt-Rottluffs Besuch bei Nolde auf der Insel Alsen 1906 zählt der künstlerisch produktive Alternativaufenthalt an entlegenem Ort, bevorzugt im Sommer und in Begleitung von Lebensgefährtinnen und pubertierenden Mädchen – Modelle aus garantiert akademiefernem Milieu –, zum fixen Jahresprogramm.

Heckel und Schmidt-Rottluff pflegen seit 1907 ihre Leidenschaft für das Fischerdorf Dangast und die Kargheit der norddeutschen Marschlandschaft; sie kehren jährlich zurück, Heckel bis 1910, Schmidt-Rottluff bis 1912, planen gar ihre ständige Niederlassung mit Brücke-Geschäftsadresse und binden sich in die regionalen Kunstszenen so intensiv ein, dass sie im Oldenburgischen bald als „Heimatmaler" rangieren. Pechstein reist 1909 erstmals und nochmals mit Ehefrau 1911 und 1912 nach Nidden, wo 1913 auch Schmidt-Rottluff arbeitet. Heckel sucht 1911 den Darß auf, ein Jahr später Hiddensee, bevor er zwei Sommer in Osterholz an der Flensburger Förde verbringt, wo nach 1919 ein eigenes Sommerhaus seine zweite Heimat wird. Für Kirchner entwickelt sich von 1912 bis 1914 die Insel Fehmarn, 1908 schon einmal erkundet, zum Gegenpol des Großstadtlebens. Hier besucht ihn 1913 Mueller mit seiner Frau Maschka.

Als Quintessenz der ersehnten Harmonie von Kunst und Leben empfindet der produktive Gruppengeist die mehrwöchigen Sommerausflüge nach Moritzburg zwischen 1909 und 1911. Die Seenlandschaft vor den nordöstlichen Toren Dresdens lockt mit barockem Jagdschloss und öffentlichem Strandbad, das freilich von den Künstlern und ihren Freundinnen gemieden wird. Kirchner und Heckel sind zuerst da, im Folgejahr begleitet sie Pechstein. Am abgelegenen Nordostufer des Dippelsdorfer Teichs erreicht das Triumvirat im legendären Sommer 1910 mit „fanatischer freier Arbeit" am freien Menschen in freier Natur die größte gegenseitige Nähe im künstlerischen Ausdruck. Heldin der Bilder, die wie Schnappschüsse wirken, ist das kindliche Lieblingsmodell Fränzi, genannt Marcella – ein „spezielles Ereignis". Beim kollektiven Essen, Schlafen, Spielen und Baden, im zwanglosen Miteinander von Maler und Modell reift der Brücke-Expressionismus – als Synthese aus sinnlichem Erlebnis und bildnerischer Reflexion. In Moritzburg gelingt der Brücke mit der originären Verknüpfung von anti-bürgerlichem Lebensstil und radikaler Bildsprache, Sozialexperiment und Kunstrevolution die glückhafte Verwirklichung einer Utopie – für kurze Zeit.

Brücke-Stile: Die Suche nach dem Großen Bild

„Ich sammle Vorräte, Material", schreibt Heckel 1913 dem Kunsthistoriker Walter Kaesbach, „übe am einzelnen oder halte fest, für die Bilder oder das Bild, das diese Welt umspannen und ausdrücken soll." Und Kirchner, der anfangs fühlt, „nicht genügend Form in mir" zu haben, erinnert sich an die künstlerische Umbruchszeit 1909/10: „Bald genügte mir die einfache Form der Palaubalken nicht mehr und ich begann nach mehr Wärme und vollerer Form zu suchen. Ich liebte Cranachs nackte Figuren damals sehr. Durch Zufall fand ich Griffiths indische Wandmalereien in Dresden in der Bibliothek. Diese Werke machten mich fast hilflos vor Entzücken. Ich zeichnete vieles an diesen Bildern ab, um nur einen eigenen Stil zu gewinnen und fing an, große Bilder zu malen". Was ihn an den buddhistischen Höhlenmalereien in Ajanta begeistert, die der Engländer John Griffiths Ende des 19. Jahrhunderts publizierte, erklärt Kirchner 1919: „Sie sind ganz Fläche und doch absoluter Körper und haben somit das Geheimnis der Malerei restlos gelöst" (Abb. S. 21 unten, 24).

Wird die „sinnliche Lust am Gesehenen" von den Brücke-Expressionisten auch als „Ursprung aller Kunst" empfunden, am Formproblem der großen Komposition laborieren die Autodidakten – ohne Erfahrung mit der Technik der Ölfarbe und den Gesetzen der Leinwand – in den ersten Jahren alle. Die Bewältigung des zweidimensionalen Bildraums in der Verspannung von Flächenkonstruktion und Körpermodellierung ist

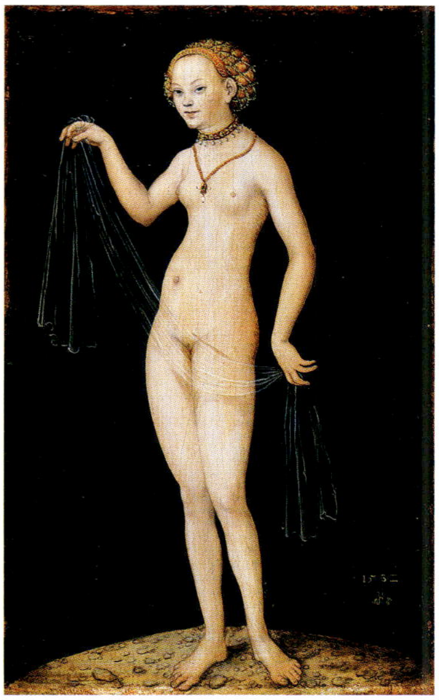

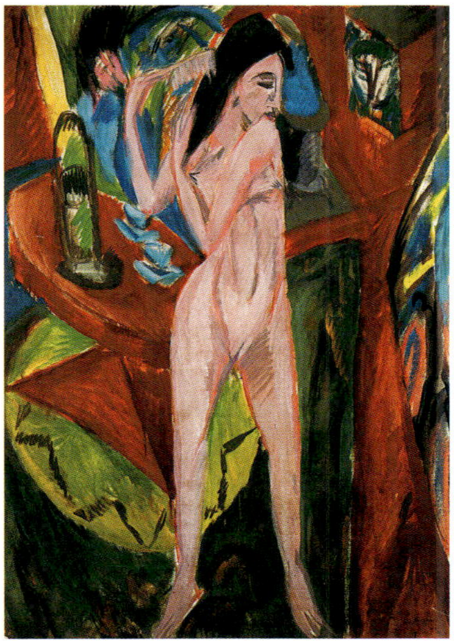

OBEN
Lucas Cranach der Ältere
Venus, 1532
Mischtechnik auf Holz, 37,7 x 24,5 cm
Frankfurt am Main, Städel Museum

UNTEN
Ernst Ludwig Kirchner
Sich kämmender Akt, 1913
Öl auf Leinwand,
125 x 90 cm
Berlin, Brücke Museum

„All diese Jungen … suchten das große Bild, das jede Nuance ausschließt."
— CARL EINSTEIN

„… dass ich den Menschen nur durch die Kunst lieben könne, durch das Medium der Kunst. Ein verdammt tiefer Gedanke."

— ERNST LUDWIG KIRCHNER
AN HANS GEORG KNOBLAUCH,
FEBRUAR 1929

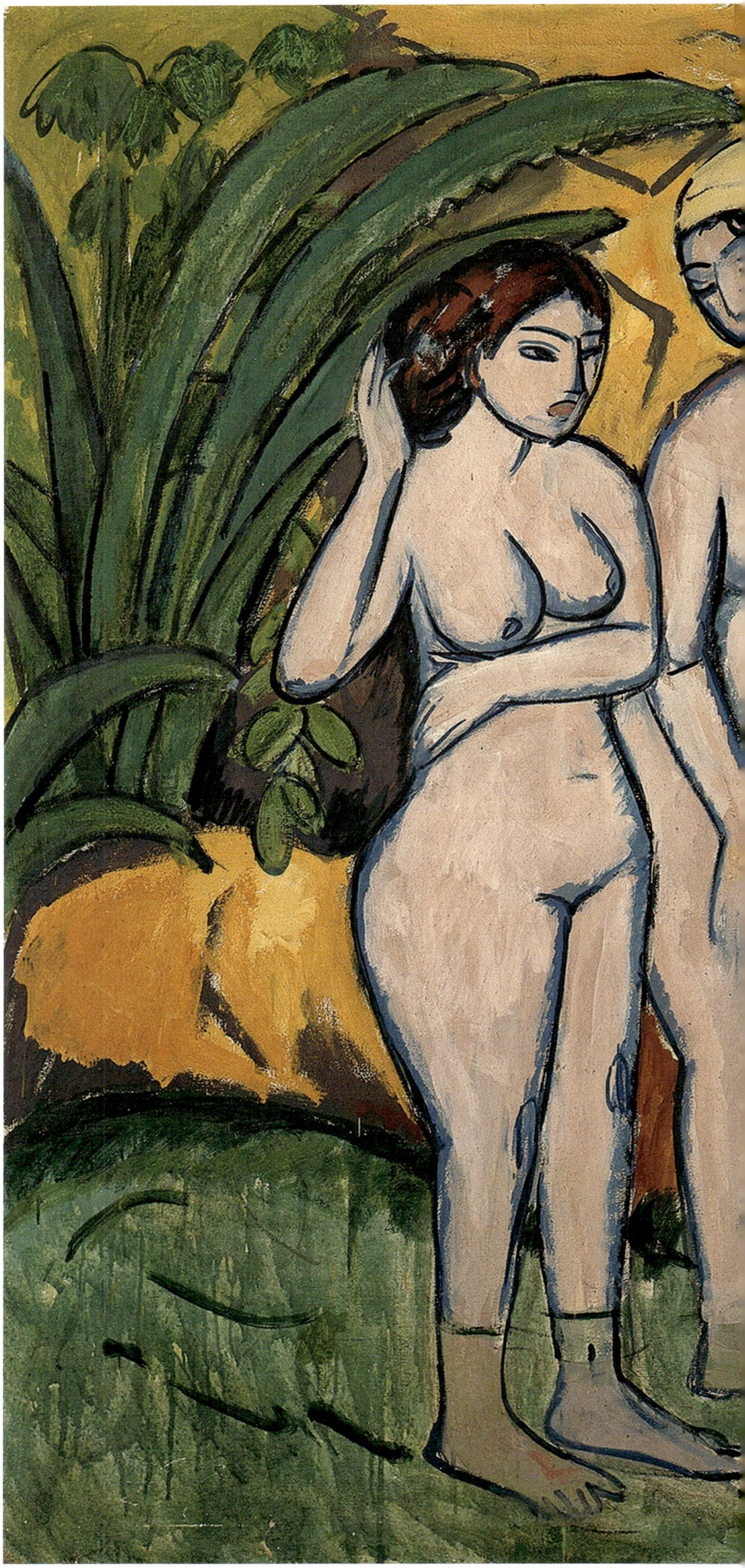

Ernst Ludwig Kirchner
Frauen im Bade, 1911
Öl auf Leinwand, 151 x 197 cm
Berlin, Brücke Museum

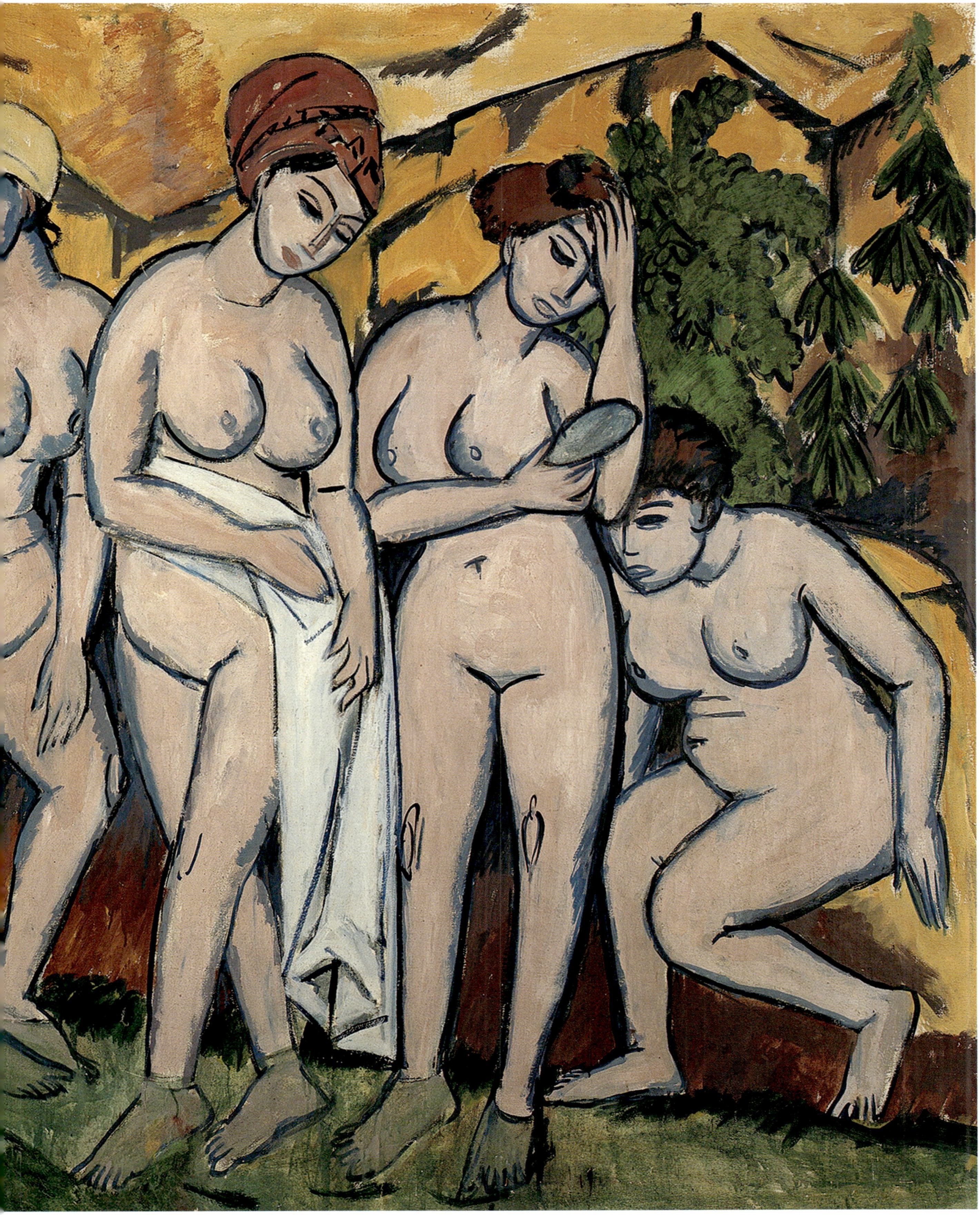

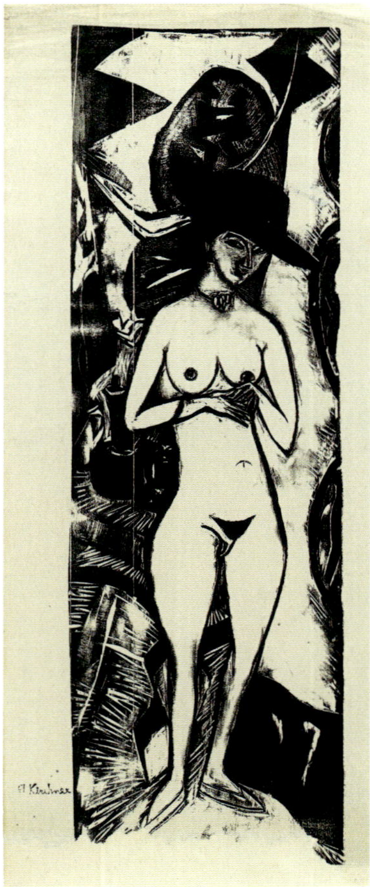

Ernst Ludwig Kirchner
Akt mit schwarzem Hut, 1912/13
Holzschnitt, 76,3 x 33,3 cm
Staatsgalerie Stuttgart,
Graphische Sammlung

chronischer Anspruch der Maler, auch jener, die nach 1905 „eigenes Fühlen durch eigene Form“ gestalten wollen. 1913 wird Kirchner im Anhang der Chronik die gemeinsamen Erfahrungen resümieren: „Malerei ist die Kunst, die auf der Fläche ein sinnliches Erlebnis darstellt. Das Mittel der Malerei ist die Farbe als Fläche und Linie. Der Maler gestaltet die sinnliche Konzeption seines Erlebnisses zum Werk.“

„Gefühlsgewalt der Vision“ sucht Schmidt-Rottluff 1911: „So aus inneren Forderungen herausgewachsen, repräsentiert ein Bild eine Empfindung in ihrer stärksten Kraft, festgebannt in Farben und Linien.“ Von der „Nachahmung zur Erfindung der Wirklichkeit“ – so ist der Weg von frei flirrenden Impressionen zur brachialen Expression innerer Visionen beschrieben worden. In der „Umformung“ des Erlebnisses, einer Neuformung „aus dem Gedächtnis“, „die am weitesten vom Natureindruck entfernt, doch die Natur comprimiert enthält“, vollzieht sich für Kirchner die Annäherung an das „vollendete Kunstwerk“. 1928 weiß er: „Jedes Kunstwerk kommt aus dem Geiste.“

Der „Brücke-Stil“ ist ein Mythos. Im ganzheitlichen Kunstwollen waltet Weltanschauung, kein Wille zum Stil. Als Maler und Grafiker erreichen die Künstlerfreunde das vollendete Werk auf verschiedenen Wegen. Automatisiertes Zeichnen in Ekstase unter sexueller Stimulanz, malerische Spontanaktionen in Gottes freier Natur, „Materialschlachten“ bei Holzschnitt und Holzplastik oder die Einverleibung von Vorbildern in alter und neuer Kunst – dies sind Strategien der künstlerischen Arbeit, nicht ihr Ziel. Gesucht werden: elementare Ausdruckskraft von Linie und Chiffre aus dem Unterbewusstsein, aggressive Befreiung der Farbe vom Motiv und ihre energetische Einbindung in die Fläche, der Zwang des Holzes zu monumenthafter Form und Rhythmik, zu harten Kanten und abstrahierender Simplifizierung.

In Moritzburg nähert sich die Arbeitsgemeinschaft in fröhlicher Verwilderung der Sitten und Sprachmittel dem Wunschbild nach Unmittelbarkeit und findet das Glück einer bildnerischen Balance zwischen äußerer und innerer Welt. In Dangast löst sich im Schaffensrausch vor weiträumigen Naturformen und bei Materialexperimenten mit terpentinverdünnter Ölfarbe neoimpressionistischer Kleingeist sukzessive in souveräne Farbflächenmalerei auf. „Es ist unglaublich, wie stark man die Farben hier findet, eine Intensität, wie sie kein Pigment hat, fast scharf für das Auge“, schreibt Schmidt-Rottluff an Schiefler nach Hamburg. „Dabei sind die Farbenakkorde von großer Einfachheit. Malen kann hier eigentlich nur heißen: Verzicht leisten vor der Natur, und es an der rechten Stelle tun, ist vielleicht eine Definition für Kunst.“

In Galerien und Museen findet der Brücke-Expressionismus parallel zur Eigendynamik seiner Entfaltung klärende Ermutigung in der intellektuellen Auseinandersetzung mit wahlverwandten bildnerischen Lösungsvorschlägen. Es beginnt mit der Initialzündung van Gogh 1905. Sie führt zum „monumentalen Impressionismus“, zu vitalistischen Fleckenteppichen und Farbstrudeln im frühen Brücke-Gestus bis 1908. In diesem Jahr demonstrieren die „Fauves“ im Kunstsalon Richter direkt neben den Lokalmatadoren ihre Fortschritte in der Farbflächenbewältigung, die Pechstein in Paris aufgesogen und nach Dresden gebracht hat. Vertiefend wirken Munch und Matisse, auch Cézanne. Zeitgleich begeistern Sensationen aus fernen Zeiten und Welten: Wandmalerei der Etrusker, die Heckel auf einer Italienreise beeindrucken, und Bilder der Ajanta-Fresken, die Flachreliefs der Dresdener Palaubalken und immer wieder Holzschnitt und Konturenmalerei der altdeutschen Meister, Behaim, Cranach, Dürer, „kunstgeschichtliche Stützpunkte“ (Abb. S. 21 oben).

Im Mythos vom Ursprung vereinen sich „primitive“ Stammeskunst und deutsches Spätmittelalter mit avantgardistischer Ambition. Da kann Paul Gauguin 1910 nur noch Begleiter sein während der großen Brücke-Bilanz bei Arnold in Dresden. Im gereiften Flächenstil steigern verhärtete Konturen die Dissonanzen und Konsonanzen des leuchtenden Kolorits. Komplementärkontraste rücken gegeneinander und bilden laut tönende Akkorde. Linienrhythmus und Flächenschwung drängen gegen die Grenzen der Leinwände und radikalisieren „bildhaftes Sehen“. Die Farbe findet endlich das ihr zugedachte Feld; das Bild verwirklicht sich als Farbfeldmalerei. Im strukturierten Zusammenklang

SEITE 25
Ernst Ludwig Kirchner
Akte im Atelier (Drei Modelle), 1912
Öl auf Leinwand, 80,6 x 70,5 cm
Wien, Leopold-Museum, Privatstiftung

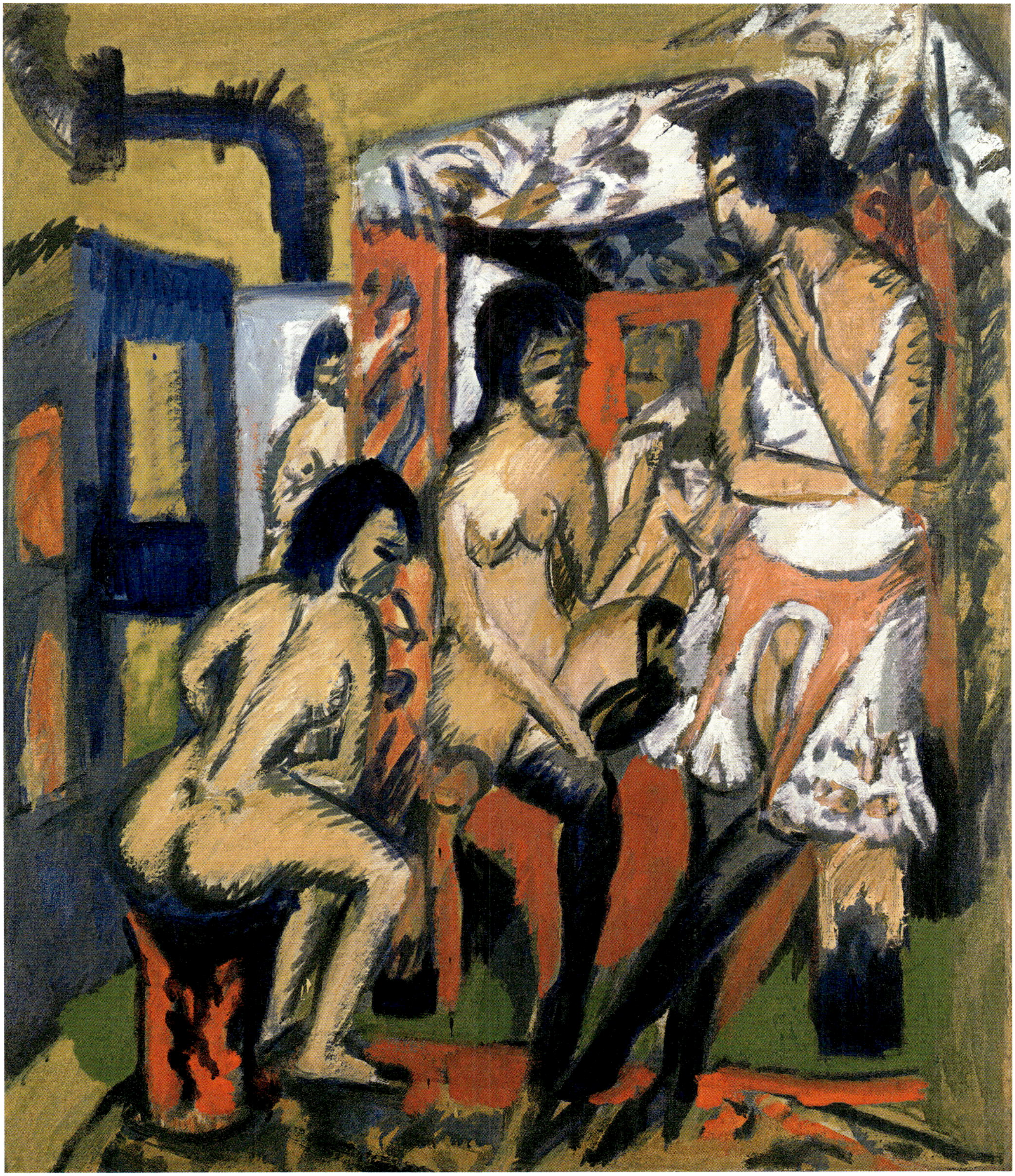

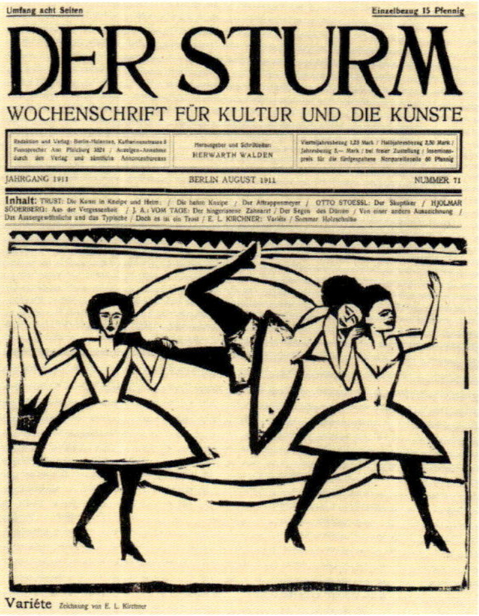

Ernst Ludwig Kirchner
Varieté, Titelseite *Der Sturm*, August 1911
Holzschnitt
Berlin, Kunstbibliothek,
Staatliche Museen zu Berlin

von Farbe, Flächenform und Linie offenbart sich die Einheit von Mensch und Natur. So erfüllt sich die Sehnsucht nach sinnlich-kreativer Ganzheitlichkeit im souveränen Akt des Malens.

Im Unterschied zu den westlichen Wegbereitern ist es den deutschen Wilden nicht darum zu tun, die Wirklichkeit zu interpretieren, sondern sie ästhetisch zu verändern. Kirchner empört sich zeitlebens gegen das Missverständnis, Matisse-Schüler zu sein: „So süß und weich habe ich nie gemalt." „Wir sahen eher die Gegensätze, eher die Palette, die etwas Schmeichlerisches besaß", sagt Heckel. „Das war eine gepflegte Malerei, aber das Gepflegte war nicht unser Ziel." Das Ziel auch der Brücke-Wilden in einer neuerlichen Werkwende weg vom Gruppenstil um 1911/12 ist „kein Pariser Ereignis, sondern eine europäische Bewegung".

Brückenschlag in die Metropole

Ende 1911 sind sie alle wieder vereint – in Berlin, das sich als Kunststadt gegen München etabliert und, erschüttert von kulturellen Richtungskämpfen, auf einen Paradigmenwechsel zusteuert: den Aufbruch ins „expressionistische Jahrzehnt". Der umtriebige Pechstein ist schon seit 1908 da und macht in der „Berliner Secession" mit dekorativem Geschick Furore. Er wird dem sächsischen Freundesbund zum „Brückenkopf" in der Metropole. Sein Atelier bietet Quartier bei Zwischenstopps auf Reisen oder für Ausstellungsbesuche. Hier fühlen sich Kirchner und Heckel auch als Arbeitsgäste wohl. „Überhaupt wenn Du nach Berlin kommst", schreibt Kirchner dem Mitstreiter Ende 1909, „Du wirst überrascht sein. Wir sind eine große Familie geworden, Du kannst alles haben. Weib und Wohnung."

Im Frühjahr 1910 kommt es zum Eklat. Die Ausstellungsjury der Secession lehnt mit Noldes *Pfingsten* auch 88 Bilder der Brücke und anderer expressionistischer Künstler ab. Auf Pechsteins Initiative gründet sich im April die „Neue Secession". Die Brücke ist komplett dabei. Beim ersten öffentlichen Auftritt, der „Kunstausstellung Zurückgewiesener der Secession Berlin", treffen die Dresdener auf Otto Mueller. Die nackte Angriffslust der *Bogenschützin* Pechsteins wird zum Signet für den „Aufstand der primitiven rohen Kunstinstinkte", gegen den frankophone Feinschmecker um Paul Cassirer Front machen. Herwarth Walden indes ergreift Partei für die Jungen in seinem neuen Kulturjournal *Der Sturm,* dessen Titelseiten 1911 temporär zum Forum für grafische Brücke-Erotik werden (Abb. S. 26), wendet sich dann aber rasch einer internationalen Avantgarde zu. Immerhin kommt durch ihn im Laufe des Jahres der Kontakt zu den Schriftstellern des literarischen Expressionismus um Georg Heym, Alfred Döblin und Simon Guttmann zustande, der wiederum Bindeglied zu Kurt Hillers „Neopathetischem Cabaret" ist. Berlin lockt mit Großstadtschock, „Avantgarde der Lust".

Im Oktober zieht es Kirchner endgültig hin. Als Reminiszenz an Dresdener Atelieridyllen gründet er mit Pechstein im Dezember das MUIM-Institut im neuen Wilmersdorfer Atelier. Doch der glücklose „Moderne Unterricht in Malerei" zieht bis zu seinem Abbruch im September 1912 nur zwei Schüler an – und eine „Vertrauensperson der Polizei", auf Veranlassung Anton von Werners, Kaiser Wilhelms mächtigstem Kunstprotegé, der sich über die „Schamlosigkeit" empört, die sich „hier nicht nur mit dem Titel Kunst und Künstler schmückt und ihn in den Staub zieht, sondern durch Schulemachen auch noch unermesslichen Schaden herbeiführt". Im Februar 1912 wird das Ermittlungsverfahren indes verschämt eingestellt.

Die Brücke versucht, den Ortswechsel im Geist bruchlos zu überstehen. Im Dezember 1911 treffen die letzten zwei in Berlin ein; man lässt sich in benachbarten Stadtbezirken nieder. Heckel übernimmt das Dachquartier Muellers, der drei Häuser weiter zieht, und macht die Mommsenstraße 60 zur neuen Geschäftsadresse. Schmidt-Rottluff geht nach Friedenau, Kirchner wohnt ab Oktober 1913 in Steglitz. „Die grenzenlose Dürftigkeit dieser Dachquartiere", springt Ernst Gosebruch, Direktor der Städtischen Kunstsammlung Essen, im Winter 1912 ins Auge, obgleich „Muellers feierliche Friese seinen Stuben etwas fürstliches, einen großen Stil" geben. Wie das als zugleich anregend und „reaktionär"

SEITE 27
Karl Schmidt-Rottluff
Der Garten, 1906
Öl auf Malpappe, 84 x 65 cm
Privatbesitz

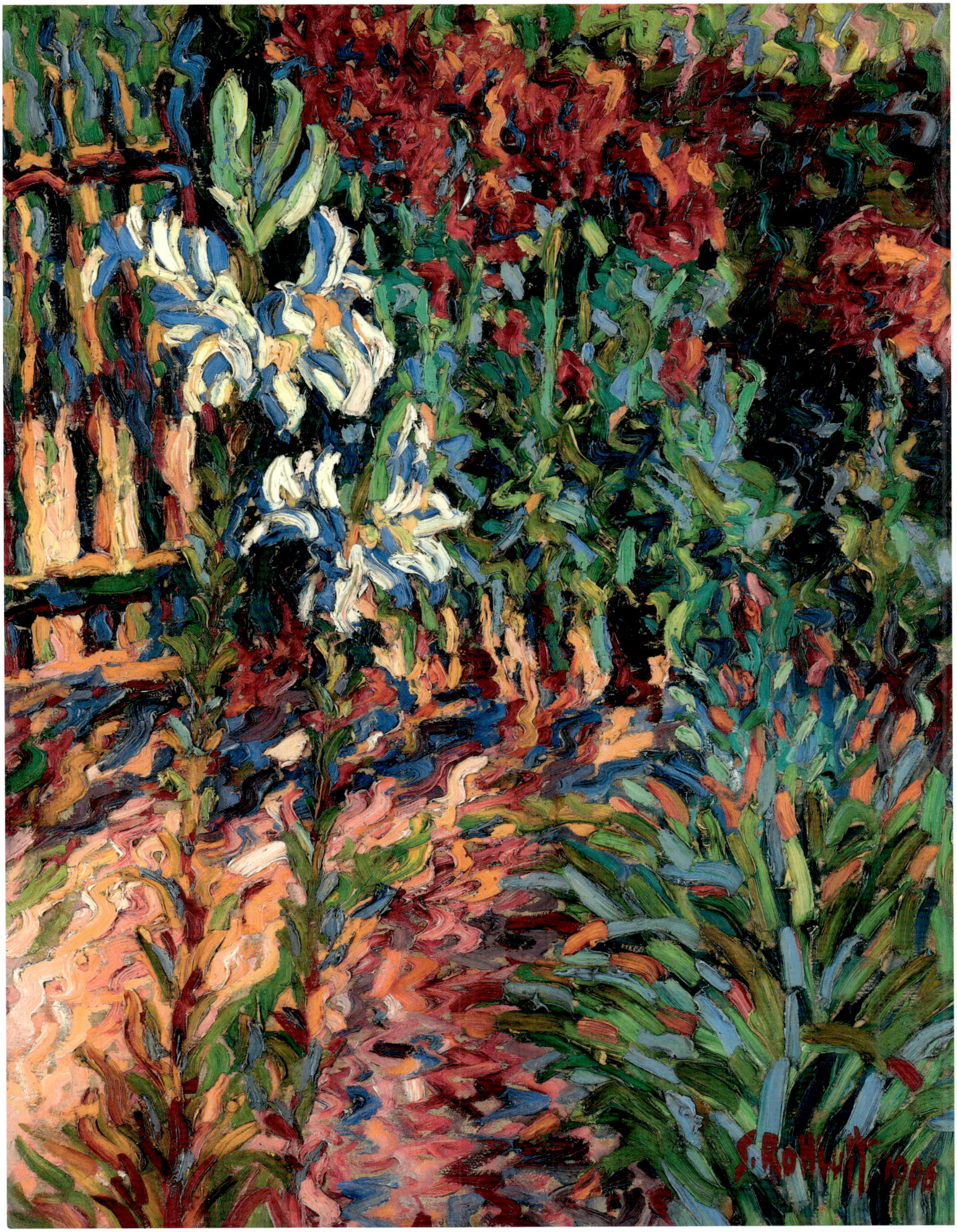
C. ROHLFS 1906

„Das unerbittliche Berlin zwang jeden von uns, sich auf eigensten Wegen durchzuschlagen."
— MAX PECHSTEIN

empfundene Dresden, so stürzt auch das raue Klima Berlins die Maler in innere Zwiespälte: „Es ist schrecklich ordinär hier", „Verhältnisse hier sehr schlecht. No money" auf der einen Seite – „Endlich wieder in Berlin" auf der anderen.

Im polarisierenden Kunstbetrieb laviert die Brücke zwischen Skylla und Charybdis: Von Cassirer – „Die bringe ich schon auseinander!" – droht die Demontage des Gruppenethos; Walden nimmt Kurs auf die Abstraktion. So bietet die ehrenwerte Hofkunsthandlung Fritz Gurlitt im März 1912 dem erschütterten Gemeinschaftsgeist eine neue Heimstatt. „Der Existenzkampf ist sehr hart hier, aber die Möglichkeiten auch größer", schreibt Kirchner Anfang 1912. Zum wichtigsten Instrument entwickelt sich die Neue Secession. In ihrer vierten Ausstellung im Winter 1911/12 präsentiert sie sich mit der Brücke als führende Kraft der Moderne. Eingeladen ist erstmals die Neue Künstlervereinigung München, aus der die Künstlergruppe Der Blaue Reiter mit Kandinsky und Franz Marc an der Spitze hervorgeht (Abb. S. 28, 29).

Mit Letzterem knüpft Heckel Anfang 1912 freundschaftlich Geschäftskontakte. Marc gegenüber hält Heckel den originären Dresdener Gruppengeist hoch, „da die Existenznotwendigkeit der Brücke sich zeigt, die innerhalb der größeren Ausstellung Bild gegen Bild, dem einzigen Kampfmittel, Beispiel und Gegenbeispiel zu bringen versucht". Und tatsächlich bedeutet die kollektive Präsentation auf der legendären „Sonderbund-Ausstellung" in Köln Mitte des Jahres, einer Demonstration des internationalen Zusammenhangs von nachimpressionistischer und zeitgenössischer Moderne, ein glückliches Kräfte-messen auf höchstem Niveau mit Wegbereitern und Zeitgenossen im Spektrum von van Gogh und Munch bis Kokoschka und Picasso.

1912 ist das Jahr der Höhepunkte – und der Krise. Pechstein, der „kleine Napoleon", wird wegen Vertrauensverlusts nicht wieder zum Präsidenten der „Neuen Secession" gewählt. Mit ihm verlässt die Solidargemeinschaft Brücke den Bund und schließt sich um das Dogma „Einer für alle, alle für einen" nur noch fester zusammen. Nach prompten Eskapaden Pechsteins ist der Zerfall nicht mehr aufzuhalten. Charaktere, Interessen und Stile der ausgereiften 30-jährigen Künstler am krisenhaften Vorabend des Ersten Weltkriegs streben auseinander, begleitet von Rivalitäten und Kontroversen, Verbitterung und Entfremdung. Letzte Gemeinschaftsarbeit ist das Plakat zur Münchener Ausstellung des „Neuen Kunstsalons" im Januar 1913: von Kirchner stammt der Holzschnitt, von Heckel der Text, beides fügt sich noch einmal kongenial zusammen. Kurz darauf leitet Kirchners selbstherrliche Chronik das Finale der achtjährigen Gruppengeschichte ein. Die Auflösung der „Künstlergruppe Brücke als Organisation" wird in einer Annonce bekannt gegeben, unterzeichnet von Amiet, Heckel, Mueller und Schmidt-Rottluff. Sie trägt das Datum 27. Mai 1913.

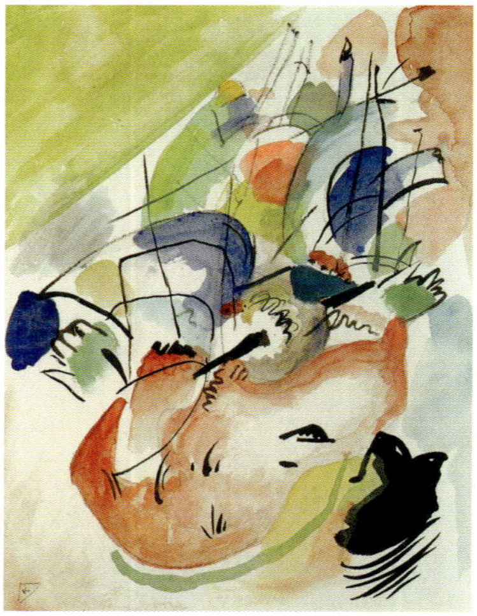

Wassily Kandinsky
Improvisation XXXI (Seekrieg), 1913
Pinsel, Wasserfarben und Tinte auf Papier, 34 x 23,7 cm
Paris, Centre Pompidou, Musée National d'Art Moderne

Auf getrennten Künstlerwegen

Im Reizklima Berlins wandelt sich das homogene Kunstwollen der Brücke – und wird endgültig Expressionismus. Gelebter Primitivismus wandelt sich zu verunsichertem Existenzialismus. Die wilde Sinnlichkeit der Maler weicht Nervosität, verdüsterter Innerlichkeit. Nach der weichen Formfülle sächsischer Geliebter reizen architektonisch gebaute Körper Berliner Varietétänzerinnen. Das Werk formt sich nicht mehr aus dem Affekt, sondern in der Reflexion. Verflechtungen mit dem literarischen Expressionismus und Begegnungen mit den aktuellen Avantgarden des Kubismus und Futurismus begleiten in ungleicher Intensität Lebenswandel und Stilumbruch der Basisgruppe. In neuen Freundschaftsbünden finden sich die Geister: Kirchner und Döblin im schillernden Radius des Großstadt-Sexus, Schmidt-Rottluff und Lyonel Feininger im kristallinen Kosmos zersprengter Transzendenz. Die drei Kernfiguren der Brücke, vor allem Kirchner und Heckel, reagieren im Gestus ihrer Bilder nach dem Bruch mit aggressiver Härte und dramatischem Pathos auf Prostitution und Wahnsinn, Krankheit und Krieg. Pechstein und Mueller hingegen, Naturbursche der eine, zu Mystizismus neigend der andere, zeigen sich prinzipiell wenig berührt von Glanz und Elend der Metropole. Sie bleiben ihren Paradiesfantasien treu. Pechstein tritt mit plattem Exotismus hervor und wird als „Giotto

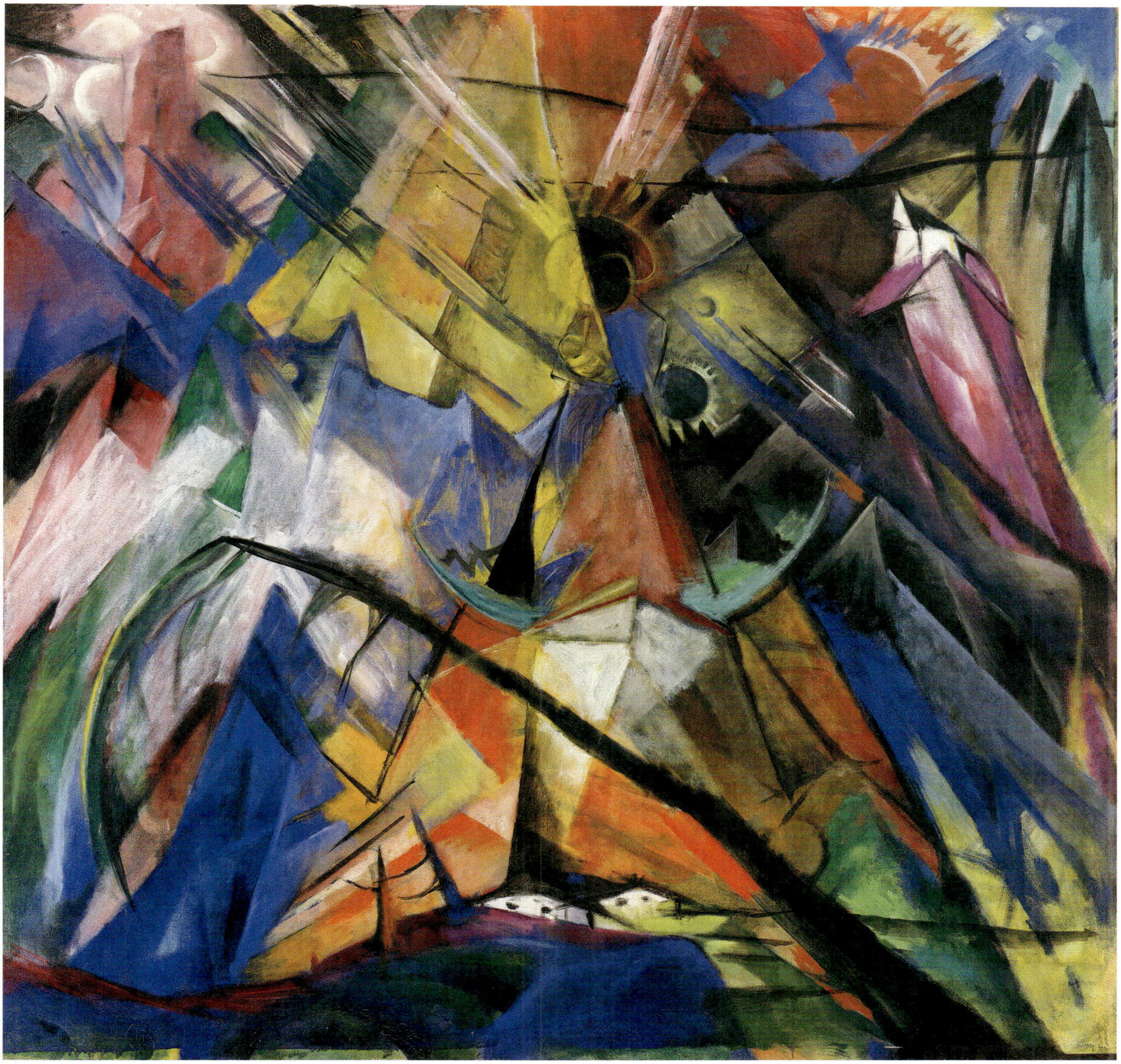

Franz Marc
Tirol, 1913
Öl auf Leinwand, 135,7 x 144,7 cm
München, Pinakothek der Moderne

unserer Zeit“ grotesk überschätzt. Für die anderen wird die elementare Landschaft an Nord- und Ostsee reinigender Gegenpol zur „Großstadthölle“.

Schmidt-Rottluff, weiterhin Einzelgänger, „erobert“ um 1912 das Menschenbild. Durch seine prismatischen Bildarchitekturen tönen strahlende Farbdreiklänge. Und dennoch fühlt er „eine merkwürdige Scheu vor Menschen, die nur daher kommt, dass ich mich nicht mehr eins fühle“. In den ersten Kriegsjahren verspannt er stark konturierte Figuren in erlöschenden Erdfarben, „um der Wucht eines solchen Völkerwahnsinns standzuhalten“. Heckel wendet Komposition und Kolorit ins Asketische, verstärkt schwarze Konturen, lässt Farbe aschfahl werden. Er malt melancholisch verhangene, klaustrophobisch verschachtelte Innenräume, Gefängnisse der Seele, geistig stark beeinflusst von der Düsternis Dostojewskis. Auf der anderen Seite schwingt sich der Naturlyriker zu leuchtenden kosmischen Lichträumen auf, in denen der nackte freie Mensch noch einmal zu seinem Recht kommt.

Kirchner schließlich erreicht in den beiden Vorkriegsjahren mit einer bizarren Phalanx Berliner Kokotten in vibrierender Hast den Höhepunkt seines Werks. Seltsam indifferent gegenüber Gesellschaftskritik kommt in diesen Straßenbildern von 1913/14 der Großstadt-Expressionismus im Spannungsfeld von Vision und Wirklichkeit ganz zu sich. Spitze Deformationen, gespenstische Farbspektren, rissige Schraffuren, fiebrige Kraftlinien, bodenlose Bruchstellen – die Chimären der Nacht sind „Hieroglyphen" des Todes. In diesen konzentrierten Formgebärden von spiritueller Intensität erweist sich Kirchner als stärkster Visionär des deutschen Expressionismus der ersten Generation. Im großen Krieg löst die „Umwertung aller Werte" neuerliche Kehrtwenden aus. Der expressive Sensualismus der jungen Jahre wird später zum retrospektiven Fluchtpunkt – inhaltlich gemäßigt und formal entschärft; bei Kirchner die bitterste Revision der Bilder und Gedanken. Allein Mueller findet spät noch in seinen Zigeunerszenen zu starken Sinnbildern des Standhaltens in einer fremden Welt. „Was übrig bleibt", diagnostiziert Carl Einstein in seiner Propyläen-Kunstgeschichte 1926 mitleidlos als postexpressionistisches Stadium: „enttäuschte Neigung zum Realismus … Gartenlaube nach rechts … dionysisches Idyll".

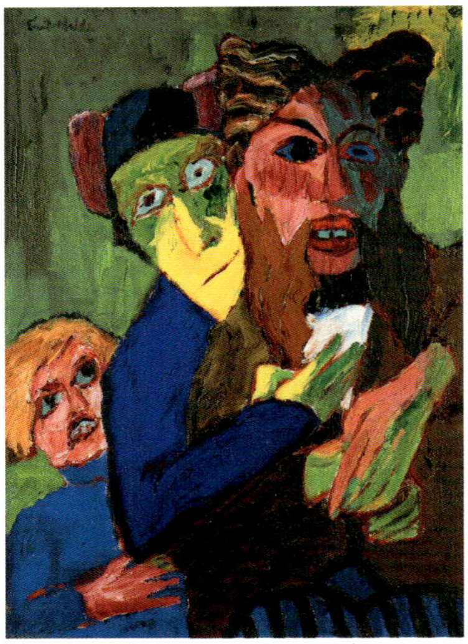

Emil Nolde
Erregte Menschen, 1913
Öl auf Leinwand, 102,5 x 76,5 cm
Nolde Stiftung Seebüll

Ein Gespenst geht um: Die deutschen Wilden

„In unserer Epoche des großen Kampfes um die neue Kunst streiten wir als ‚Wilde' gegen eine alte, organisierte Macht", hebt der wortgewaltige Franz Marc im Almanach *Der Blaue Reiter* 1912 an. „Der Kampf scheint ungleich; aber in geistigen Dingen siegt nie die Zahl, sondern die Stärke der Ideen." Wer sind diese „Wilden" Deutschlands? Ein großer Teil ist wohlbekannt und vielbeschrien: Die Dresdener Brücke, die Berliner Neue Secession und die Münchener Neue Vereinigung, aus der Der Blaue Reiter hervorgeht: Antipode der Brücke in der spannungsvollen Erfolgsgeschichte des deutschen Expressionismus.

Auf der einen Seite die intime Arbeits- und Lebensgemeinschaft der Sachsen, auf der anderen eine locker gefügte Geistesgemeinschaft russisch-deutscher Provenienz mit internationalen Verbindungen. Hier „Ekstase" der Sinne – dort „Synthese" aller Kulturen und das „Erleben der transzendentalen Dinge im Irdischen". Angesichts der puren „Lust am Gesehenen" wird der kosmische Ursprung und die „innere Notwendigkeit" der Kunst postuliert. Weltnähe kontra Metaphysik, Gefühl gegen Geist. Wo die Münchener mit Wortwucht die theoretische Basis für die Rezeption ihrer bildnerischen Leistungen programmieren, bleibt im wortkargen Dresden das „Programm der Programmlosigkeit" von 1906 einziges Manifest.

Vehemente Befreiung der Farbe vom Gegenstand und beherzte Deformation der Naturform zur Ausdruckshieroglyphe – das bleibt das große Verdienst der Brücke als Stoßtrupp des Expressionismus. Der Aufbruch zur Abstraktion und die definitive Erlösung des Kunstwerks vom Diktat der Wirklichkeit – diese Großtat Kandinskys wird zur wahren Revolution der Malerei erklärt. Es ist eben jener Dualismus, aus dem die entscheidenden Impulse für Deutschlands Beitrag zur Weltkunst im 20. Jahrhundert entspringen.

Der „große Kampf" um eine neue Kunst vor dem Ersten Weltkrieg war geprägt von widersprüchlichen Aspekten. Die Fronten verliefen nicht selten quer zum Fortschrittsglauben der Avantgarde. Ihr eigenes Doppelgesicht enthüllt sie in progressiven wie regressiven Momenten, im Spannungsfeld von romantischem Geist und zivilisationskritischem Engagement, in gegensätzlichen Leitbildern von Paradies und Apokalypse, Weltflucht und Barrikadensturm – all dies innerhalb der Grenzen bürgerlicher Gedankenwelt. Die Befreiung des Menschen aus falschen Verhältnissen bleibt Utopie.

Für den Brücke-Expressionismus steht der Mensch im Mittelpunkt der Schöpfung: „l'homme pour l'homme statt l'art pour l'art". Seine wachsende historische Bedeutung gründet in Bildern leibhaftiger Erfahrung und anschaulicher Lebensenergie – etwas, das der abstrakten Moderne in ihrer Behauptung ästhetischer Transzendenz letztendlich fehlt. Stärker denn je wirkt heute die Faszination des Menschenbildes der Brücke – weil es authentisch ist und den Betrachter in seiner eigenen existenziellen Verfassung immer wieder anzusprechen und zu berühren vermag.

SEITE 31
Emil Nolde
Anna Wieds Garten, 1907
Öl auf Leinwand, 82,9 x 64,8 cm
Privatbesitz

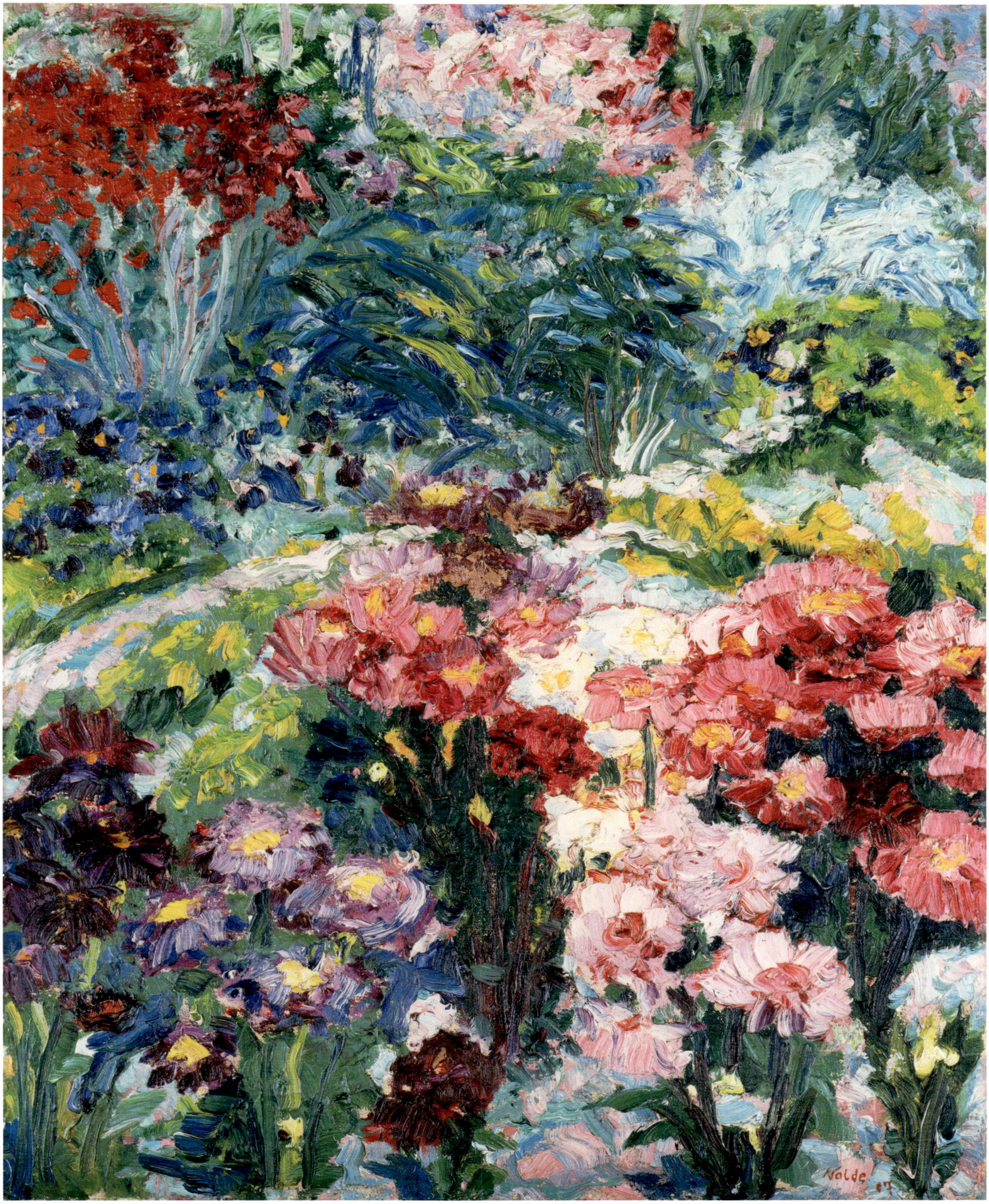
Nolde 07

Erich Heckel

Mann in jungen Jahren, 1906

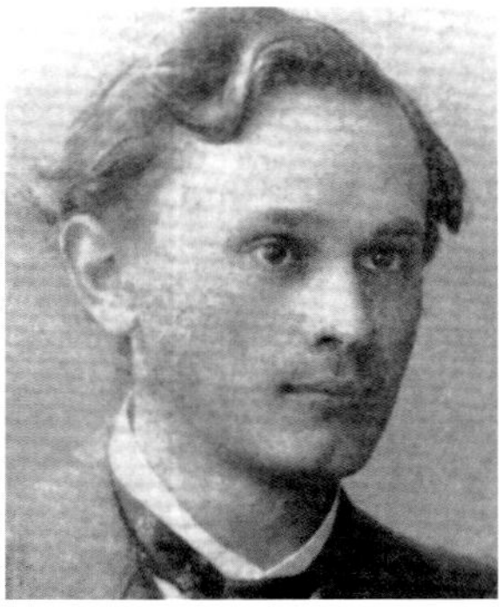

* 1883 in Döbeln
† 1970 in Hemmenhofen

„Das ist es, Verwirklichung, nicht Wirkung!"
— ERICH HECKEL, 1966

Ohne Erich Heckel wäre das versprengte Häuflein sächsischer Kunstrevolutionäre nie zu jener gerühmten Künstlergruppe geworden, die unter dem programmatischen Begriff Brücke Berühmtheit erlangt. Seinem selbstlosen „Genie der Freundschaft" ist zu danken, dass die verschworene Geistesgemeinschaft auch als wirkungsvoller Kunstverein überleben kann. Heckel als ideenreicher und tatkräftiger Geschäftsführer ist es, der die zahlreichen Ausstellungen landauf, landab organisiert, die Korrespondenz mit passiven Mitgliedern führt und Kontakte zum Netzwerk der deutschen Avantgarde aufbaut. Nie verliert er ein Wort der Klage über seine Mühen. Ebenso selten freilich äußert er sich zu seiner Kunst. Fast droht er, hinter seinen Bildern zum Schemen zu verblassen.

Seinem Wesen entsprechend, zieht er sich schon 1906 namenlos hinter ein Porträt zurück. Doch ist es unzweifelhaft der Künstler selbst, der sich hier im Jahr eins der Brücke als anonymer Mann in jungen Jahren vorstellt – in der nachdenklichen Haltung eines Intellektuellen. Den schmalen Kopf in die Hand gestützt, geht der Blick aus verschatteten Augen ins Ungewisse. Licht liegt auf der hohen Stirn. Heckel hat als Gymnasiast im Chemnitzer Literaturzirkel „Vulkan" Nietzsche diskutiert. „Laut aus Zarathustra deklamierend" – so lernt ihn Kirchner in Dresden kennen. Der Lyrik Hölderlins ergeben, will er eigentlich Poet werden. Später, in Berlin, findet er über seinen Dichterfreund Ernst Morwitz Zugang zum „Liebesring" um Stefan George.

Das frühe Selbstbildnis Heckels scheint zu bekräftigen, was der verständnisvolle Architekturlehrer Fritz Schumacher an ihm beobachtet: ein „sonderbar verträumtes Wesen, in dem ein ernster, aber herrischer Fanatismus aus dunklen Augen fast krankhaft glühte". Der Maler hat, wie auch sein Jugendfreund Schmidt-Rottluff, im Zuge des Aufbruchs zur freien Kunst das Studium an der Technischen Universität Dresden abgebrochen, arbeitet aber, anders als die Gefährten, bis Anfang 1907 als technischer Zeichner im Entwurfsbüro des berühmten Wilhelm Kreis. So lernt er 1906 Pechstein kennen und gewinnt ihn für die Brücke. In dieser Zeit planen die experimentierwütigen Jungmaler einen entscheidenden Stilumbruch. Dresden leuchtet im Lichte van Goghs. Nach der Ausstellungspremiere des Farb-Ekstatikers Ende 1905 gerät die Brücke auf ihren Leinwänden außer Rand und Band.

Auch Heckel überwindet jetzt den frühen Einfluss neoimpressionistischer Vorbilder mit einer schwungvollen Steigerung des Ausdrucks. Farbe wird zum wichtigsten Ausdrucksträger. Markante Pinselstriche züngeln und jagen in energischen Richtungswechseln über das Motiv. Kräftige Kontraste und pastose Farbmaterie erzeugen handgreifliches Volumen und neuartige Leuchtkraft. Fast monumental hebt sich die Figur in leichter Untersicht gegen den Hintergrund ab – und bindet sich zugleich in ein dichtes Flächengewebe zurück. Mit ungestümem Duktus suggeriert der Maler enorme Dynamik im Bild – als Zeichen innerer Erregung. Anfang 1906 findet die Brücke neue Bestärkung in den „Farbenstürmen" Emil Noldes, den sie prompt zum Mitglied ernennt. Heckel profitiert indirekt vom Arbeitsaufenthalt Schmidt-Rottluffs bei Nolde auf der Ostseeinsel Alsen, wo sich die Freunde gegenseitig malen. Auf dieses Bildnispaar bezieht sich in Sujet und Methode sein Selbstporträt als junger Künstler.

Mann in jungen Jahren, 1906
Öl auf Karton, 47,5 x 36 cm
Berlin, Brücke Museum

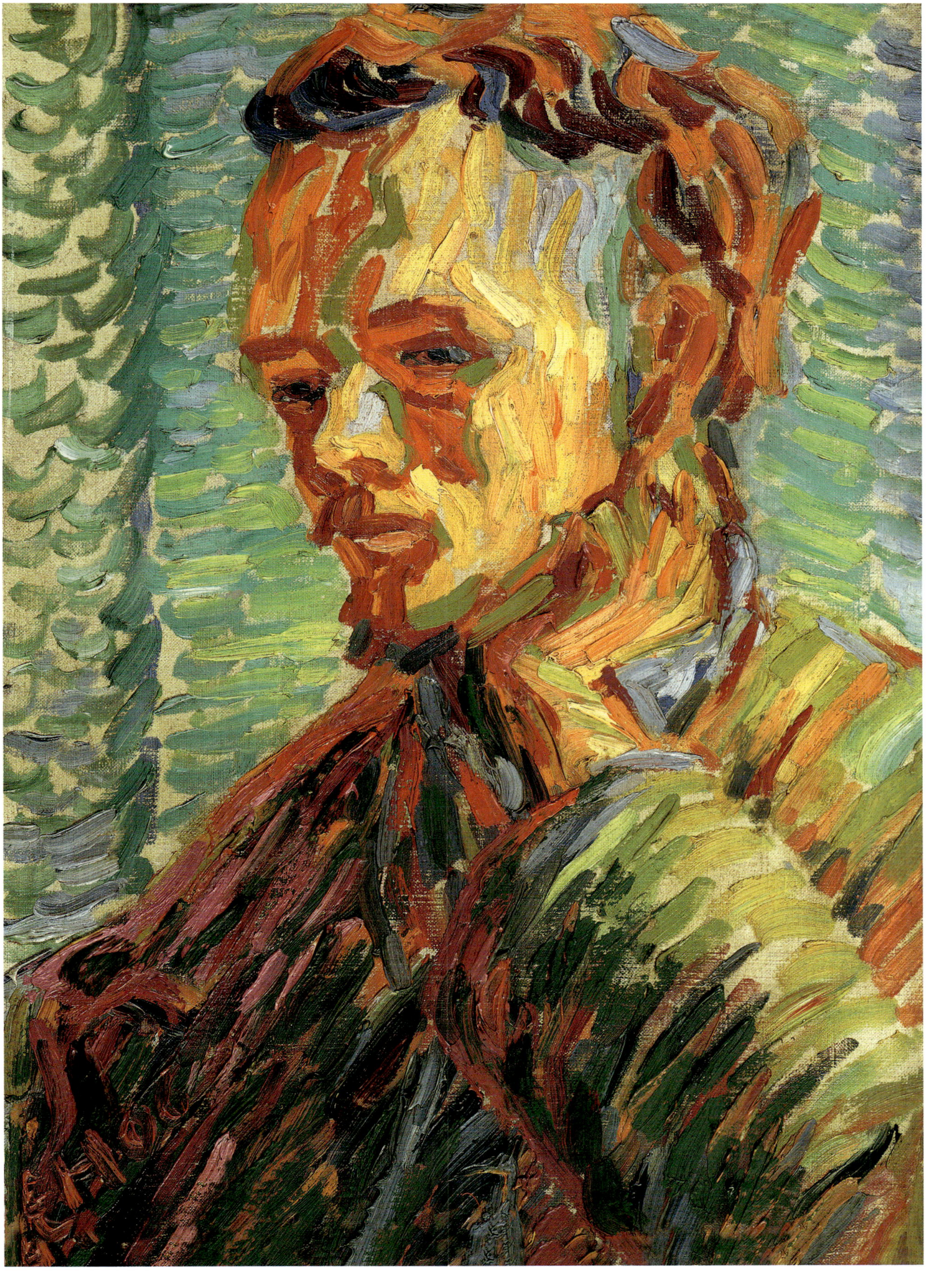

Erich Heckel
Badende im Schilf, 1909

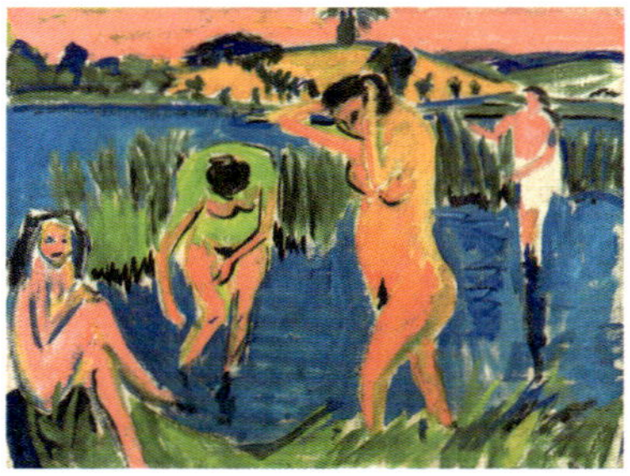

Ernst Ludwig Kirchner
Vier Badende, 1910
Öl auf Leinwand, 75 x 100,5 cm
Wuppertal, Von der Heydt-Museum

„In ungebrochenen Farben, blau, rot, grün, gelb leuchten die Körper der Menschen im Wasser ...“

— ERNST LUDWIG KIRCHNER, DAVOSER TAGEBUCH, 1925

„Entzücktes Freibad und pathetisches Reformidyll“ – scharfzüngig ironisiert Carl Einstein in seiner Propyläen-Kunstgeschichte 1926 die legendären Sommer der Brücke, ausgefüllt mit „fanatischer freier Arbeit nach nackten Menschen“ in freier Natur. Vor allem die Kollektivaufenthalte an den Moritzburger Teichen vor den Toren Dresdens von 1909 bis 1911 prägen den Ruf der Künstlergruppe und den Stil ihres Expressionismus. Das Freundespaar Kirchner/Heckel entdeckt die urwüchsige Landschaft 1909 und stiftet ein Jahr später Pechstein als Dritten im Bunde an. Gemeinsam beschwören sie sowohl die alte Utopie der Einheit von Mensch und Natur als auch ihr eigenes Programm des „unmittelbaren und unverfälschten“ Ausdrucks – und erfinden das befreite Bild des Neuen Menschen im irdischen Paradies.

Heckels *Badende im Schilf* steigen während des ersten Aufenthalts 1909 ins Wasser des Dippelsdorfer Teichs, während der Maler „unbehelligt“ arbeitet. Unter offenem Himmel, bei Wind und Wetter, springt der Funke des gemeinschaftlichen Studiums natürlicher Körper in spontaner Bewegung – 1905 im Atelier mit dem Zeichenstift begonnen – auf die offene Leinwand und in den farbsatten Pinsel über. Die Euphorie über diese Befreiung elektrisiert die Szene. Rasch und unverstellt wird der Sinneseindruck als reiner Farbausdruck auf die Fläche geworfen.

Die „Ekstase des ersten Sehens“ pulsiert durch die grobe Pinselschrift, die atemlos Körper und Landschaft auf Umriss und Fläche reduziert und miteinander verschmilzt. Unvermischte Grundfarben leuchten auf der teils bloßen Leinwand auf. Wie ein Schnappschuss wirken die zufälligen Posen der Badenden, der rabiate Anschnitt der beiden dunkleren Figuren im Vordergrund und die Spiegelung im bewegten Wasser. Das skizzenhafte Notat suggeriert Authentizität. Simultan mit dem Erlebnis entsteht das Bild.

Heckel überträgt die existenzielle Erfahrung einer allumfassenden Harmonie der Geschlechter im Einklang mit der Natur unmittelbar in den malerischen Prozess, aus dem sich die offene Komposition entwickelt. Seine *Badenden* von 1909 markieren einen Durchbruch zum reifen Brücke-Expressionismus. Im folgenden Sommer agieren Kirchners *Vier Badende* – mit dem Kindermodell Fränzi links außen – schon auf einem fast klassischen Niveau. In diesem Schlüsselwerk verdichten sich die bewegte Pinselspur zu dekorativer Flächigkeit und der Dreiklang der Farben zu intensiver Strahlkraft. Großzügige Flächenformationen in flüssigem Farbauftrag dominieren in der Landschaft und bei den zwei Akten im Mittelpunkt des Bildes. Ihre flott konturierte Weiblichkeit verleiht der Szenerie einen feinen erotischen Ton. An den Rändern macht sich abstrahierende Reduktion in knapp skizzierten Figuren bemerkbar. Selten ist dem Maler eine so glückhaft ausbalancierte Spannung zwischen intuitiver Leichtigkeit und endgültiger Form gelungen.

Kirchner ringt zeitlebens um das „große Bild“. Für Heckel ist der Arbeitsprozess entscheidend. „Wir wollten nur wirken im Sinne des Arbeitens“, erinnert er sich. „Es ging uns um ein bildhaftes Sehen, im Gegensatz zu den Impressionisten waren für uns die für das Bild wesentlichen Elemente wichtiger als Motiv, Ausschnitt und momentaner Zustand ... es ging also allein um die Funktion des Malens.“

SEITE 35
Badende im Schilf, 1909
Öl auf Leinwand, 71 x 81 cm
Düsseldorf, Museum Kunstpalast

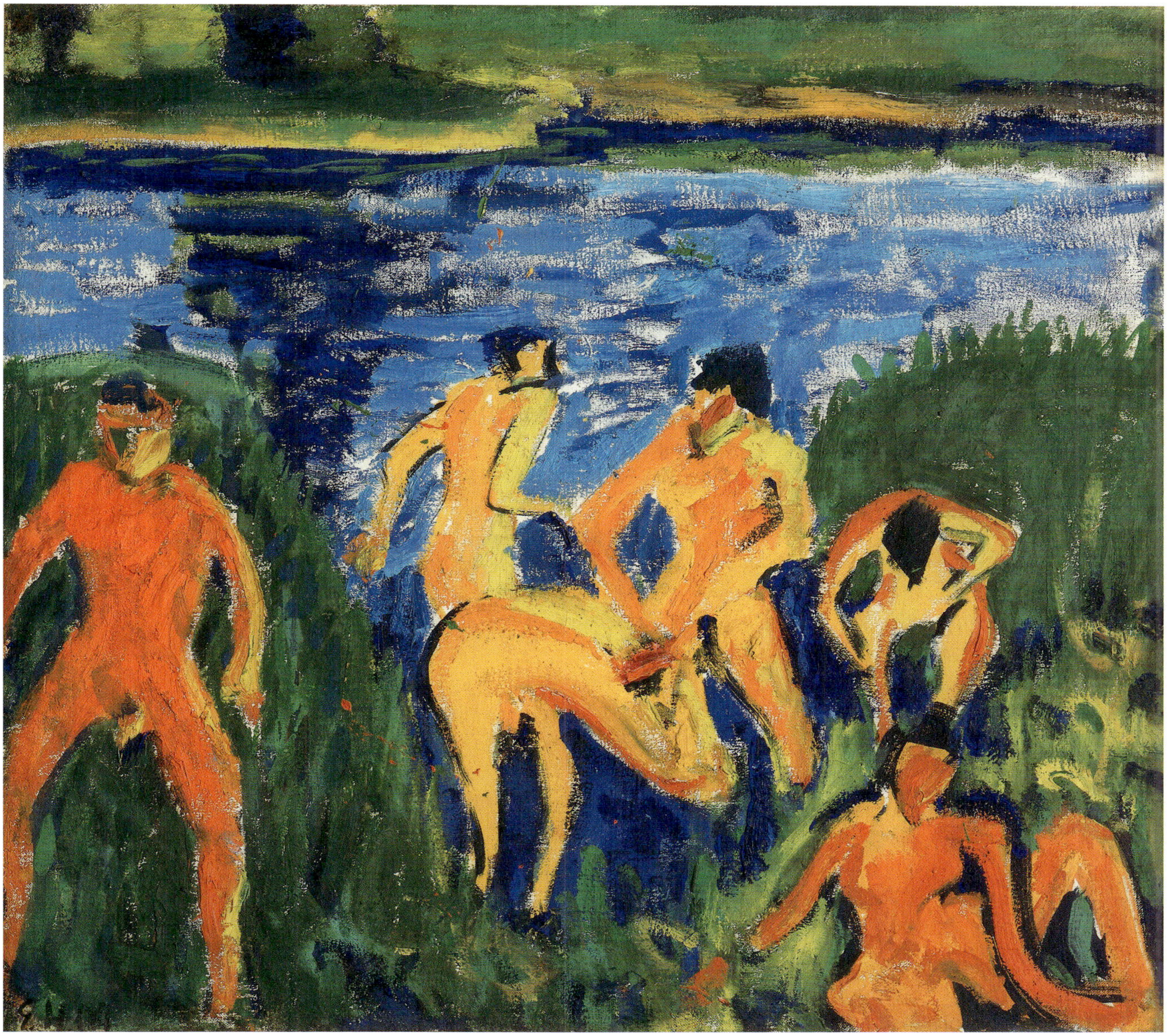

Erich Heckel
Landschaft bei Dresden, 1910

„Herzlichste Grüße aus Dresden, das wie immer friedlich genug wirkt.“
— ERICH HECKEL
AN ROSA SCHAPIRE, 1909

Dresden und Brücke – das ist fast ein Synonym. Die sächsische Barockresidenz an der Elbe ist 1905 Schauplatz jenes künstlerischen Aufbruchs, der bis heute als ein unumstrittenes Glücksmoment in der deutschen Kunstgeschichte gilt. Doch schon 1910, auf dem Höhepunkt ihres produktiven Zusammenklangs, wird deutlich, dass das friedliche Dresden den Revolutionären keine Zukunft bieten kann. Ein Jahr darauf zieht es die Freunde in die Millionenmetropole Berlin, wo sie sich indes nur allzu bald als Einzelkämpfer durchs Gestrüpp der Konkurrenzen und Stile schlagen müssen.

Heckels späte Dresdener Stadtlandschaften hinterlassen, wie auch jene seines Freundes Kirchner, einen zwiespältigen Eindruck. Unheil liegt in der Luft. Himmel verdichten und verdüstern sich. Gewitter ziehen auf. Der vertraute Anblick der nächsten Umgebung kippt ins Ungewisse. Die Friedrichstadt als unmittelbares Lebensumfeld rückt vorzugsweise ins Blickfeld. Für die Brücke bedeutet dieser Vorort der kleinen Leute, westlich der berühmten Altstadt, hinter Bahngleisen und am Friedhof gelegen, ein Refugium. Nie zeigen sich die Künstlerfreunde interessiert an den barocken Schaufassaden ihrer Stadt. Immer sind es alltägliche Ausschnitte, unspektakuläre Ansichten, die Bruchstellen gewachsener Strukturen, die ihre Blicke anziehen. Gern suchen sie städtische Ränder auf, wo das Urbane ausfranst und Landschaftliches einbricht. So auch hier.

Das Bild führt in das 1901 eingemeindete Dorf Gruna, östlich des Großen Gartens. Am Grunaer Landgraben liegt rechts der baumreiche Volkspark mit dem Landhaus des Kommerzienrats Rothermundt. Links dehnt sich unbebautes Gelände bis zu den beiden zweigeschossigen Gasometern des Gaswerks Reick mit ihren flachen Kuppeln. In einer Radierung gibt Kirchner vom gleichen Standpunkt aus eine – durch den Druckvorgang verursachte – seitenverkehrte Ansicht, die die tatsächliche Entfernung der beiden Türme genauer beschreibt.

Offensichtlich arbeitet das eng verbundene Führungsduo der Brücke auch hier gemeinsam vor Ort. Im Sinn einer elementareren Bildwirkung aber verzerrt und steigert Heckel häufiger die architektonisch charakteristischen Proportionen seiner topografischen Motive. Der Maler sucht in seiner Stadtlandschaft eine bildnerische Balance zwischen malerischen und zeichnerischen Ausdruckswerten. Der brennend rote Lauf des Landgrabens im Komplementärkontrast zu satt grünen Uferböschungen führt rasant in die Diagonale. Diesem Tiefensog legt sich die schwarze Vergitterung eines Fußgängersteigs überraschend in die Quere. Zwei Spaziergänger leisten der exponierten Figur auf der Brücke Gesellschaft; gemeinsam gehen sie fast spurlos in die bizarre Komposition ein. Ein bestürzendes Gelb spannt sich als Himmel über die Szenerie. Kein Zweifel, hier wird um den Ausdruck einer inneren Landschaft gerungen. Farben lösen sich vom Gegenstand. Flächen wirken wie hochgeklappt. Formen verknappen sich und suchen das Weite. Andererseits scheint sich der Bildausschnitt direkt bis vor die Füße des Betrachters zu dehnen. Es ist, als ob die Welt auseinanderdriftet in dieser naturnahen Freilichtmalerei. In der flüchtigen Skizzenhaftigkeit des dünnflüssigen Farbauftrags schwingt schon jetzt eine Atmosphäre des Abschieds.

Landschaft bei Dresden, 1910
Öl auf Leinwand, 66,5 x 78,5 cm
Berlin, Staatliche Museen zu Berlin, Nationalgalerie

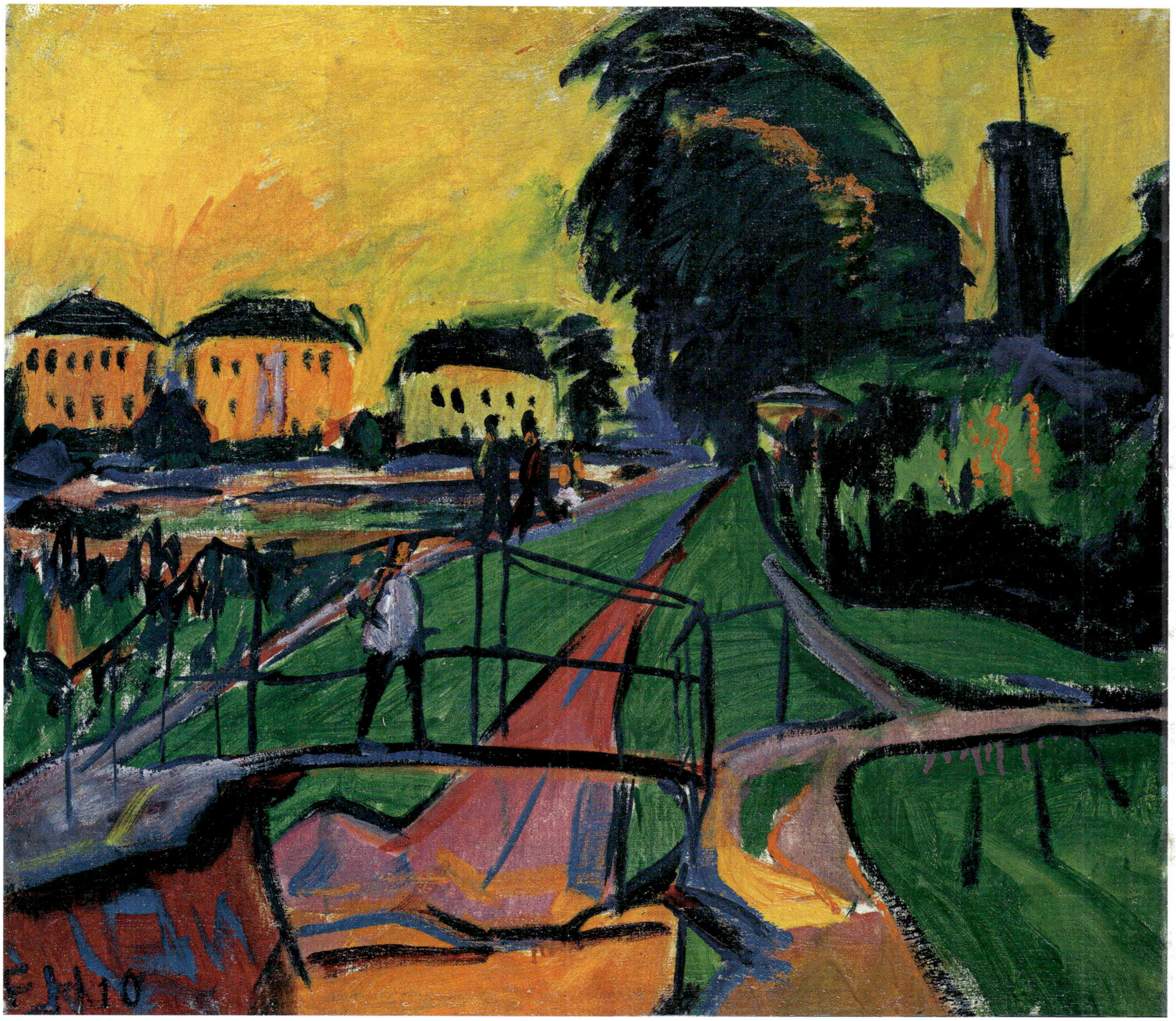
EK 10

Erich Heckel
Kinder (auf der Bank), 1910

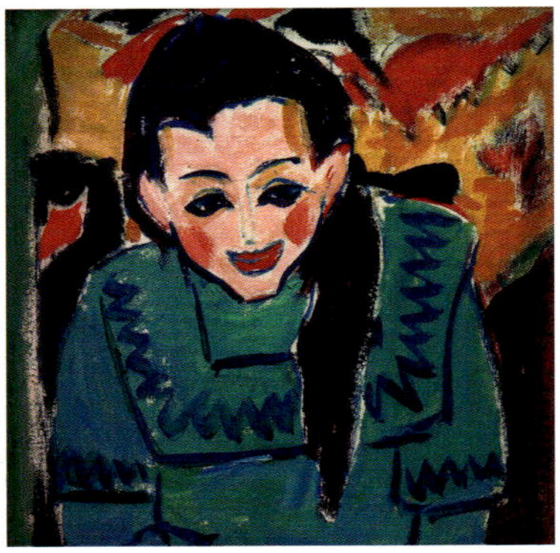

Ernst Ludwig Kirchner
Fränzi (Lina Franziska Fehrmann), 1910
Öl auf Leinwand, 50 x 50 cm
Privatbesitz

Ein „spezielles Ereignis" nennt Heckel die Begegnung der Brücke mit der neunjährigen Franziska „Fränzi" Fehrmann. Als Modell wird das Dresdener Arbeiterkind um 1910 – in einem Moment gelungener Symbiose von Kunst und Leben – zum Signum des „Brücke-Stils". Heckel, Kirchner und Pechstein umkreisen die fragile Gestalt in vielfältigen Posen vor der Kunstkulisse des Gemeinschaftsateliers oder unter freiem Himmel an den Moritzburger Teichen. Mit den Mitteln der Zeichnung und Druckgrafik, des Aquarells und der Malerei beobachten sie entzückt die kantigen Bewegungen und die freimütige Ausstrahlung des jungen Mädchens. Sie entdecken – in der Tradition romantischer Kindsbräute, der schon Gauguins Inselmädchen und Munchs Pubertätsallegorien gefolgt sind – eine Utopie der Unschuld, die sie nicht im Imaginären oder Exotischen, sondern in einem ganz und gar irdischen Paradies verankern.

In Heckels Gemälde *Kinder* agiert Fränzi mit einem Freund – analog zu einer Fotografie Kirchners, aufgenommen im Ladenatelier Berliner Straße, dem Lebensraum der Brücke. Für die Ausgestaltung dieses Gesamtkunstwerks haben vor allem Kirchner und Heckel gesorgt. Das Foto zeigt die Kinder auf einer Liege vor bemalten Wandbehängen mit erotischen Motiven. Der Maler verdichtet das Bildmotiv durch Formvereinfachungen und Farbkontrastierungen. Im grünen Raum, möglicherweise das eigene, 1910 bezogene Atelier am Altstädter Güterbahnhof, leuchtet das komplementäre Rot der Ausstattung wirkungsvoll und verspannt die Komposition in einer elementaren Ordnung.
Die ungebrochene Signalfarbe der Sitzbank fungiert als signifikante Folie für den spannungsvollen Auftritt der beiden Geschlechter. Das in Blau hingeräkelte nackte Mädchen begegnet dem Schwarz des schüchternen Knaben im rechten Winkel. Horizontale und Vertikale der Körper kreuzen sich im Raum. Der Schnittpunkt umschreibt behutsam das existenzielle Zentrum erwachender Sexualität. Schützend umrahmen Werke der Künstlerfreunde die anrührende Szene: rechts ein Batikvorhang mit stilisierten Figurationen, im Hintergrund ein expressionistisches Landschaftsbild und links vorn angeschnitten ein Tisch.

Eine Reihe von Fotos und Zeichnungen vermittelt Einblicke in das zwanglose Leben der Gemeinschaft von Künstlern und Modellen. Umso mehr erstaunt Heckels reflektierte Arbeitsweise, die ein Vergleich ähnlicher Bildmotive erhellt. In Zeichnung und Holzschnitt erfasst er die Situation mit skizzenhafter Rasanz; entweder liegt oder hockt das Kinderpaar nebeneinander. Im Unterschied zu einem zweiten Gemälde von 1910 steigert Heckel Sujet und Aussage dieses Schlüsselwerks formal wie inhaltlich. Die suggestive Konfrontation der Figuren wertet die alltägliche Atelierszene zum sinnbildhaften Tun auf. In einer Vorzeichnung ist deutlich ein runder Tisch mit einem in Zipfeln herabhängenden Tuch zu erkennen. Im Gemälde scheint sich in dessen Schatten das Trugbild eines spitzen Gesichts mit Augen und Mund herauszuschälen. Ob es sich hier tatsächlich um ein ironisierendes Zitat leidenschaftlich verzerrter Munch-Physiognomien handelt oder doch eher um einen mutwilligen Einfall des Malers, muss offen bleiben. Immerhin bekennt Heckel später: „Das Weib als Dämon existierte für uns nicht."

SEITE 39
Kinder (auf der Bank), 1910
Öl auf Leinwand, 58,5 x 72,5 cm
Halle, Kunstmuseum Moritzburg,
Sammlung Gerlinger

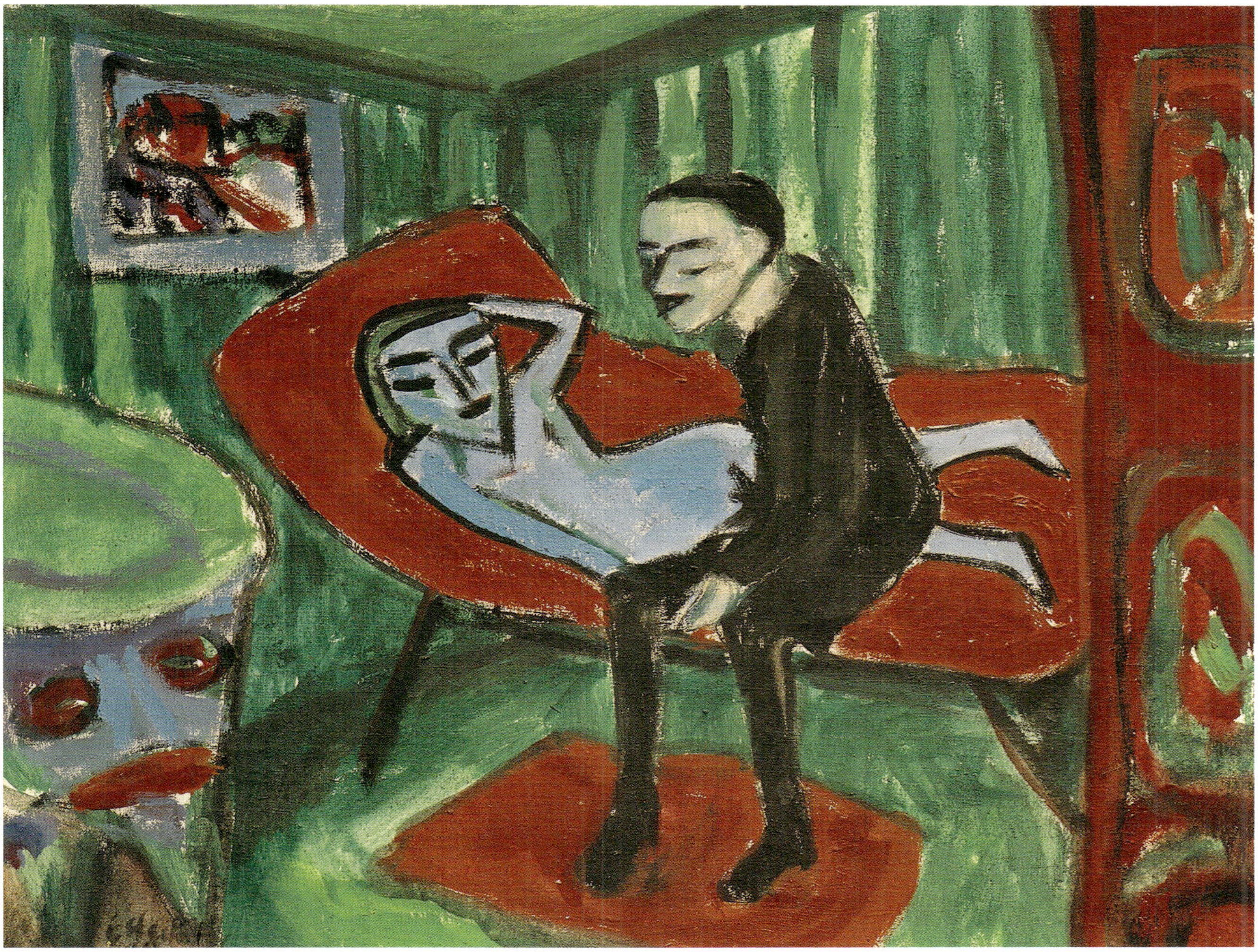

Erich Heckel
Atelierszene, 1910/11

Die kleinformatige Szene Heckels gewährt einen besonders intimen Blick in die „fantastische Atelierwelt" der Brücke. Sie führt quasi hinter die Kulissen ihres Programms der Einheit – und Freiheit – von Kunst und Leben. Vier „quicklebendige Aktmodelle" machen es sich bequem. Zwanglos posieren sie im Gesamtkunstwerk, als das sich ein Atelier der Brücke-Künstler immer versteht, sind ein essentieller Teil desselben, Gestaltarabesken im Raum. Der Künstler selbst fehlt im Bild. Doch steht er sicherlich nicht hinter der Staffelei. Nach Jahren künstlerischer Exerzitien vor bewegten Körpern im Viertelstundentakt imaginiert er die Szene vielmehr mit traumhafter Sicherheit aus dem Gedächtnis auf die Leinwand. Fast ist es gleichgültig, wer von den beiden Protagonisten der Brücke – Kirchner oder Heckel – die Szene gestaltet. In Duktus und Diktion nähern sie sich um 1910 am stärksten gegenseitig an. Gelegentlich sind Manier und Motiv der beiden gar zum Verwechseln ähnlich.

Der von den Brücke-Künstlern gefürchtete Begriff „Gemeinschaftsstil", gleich ob in Zeichnung, Aquarell oder Malerei, hier hat er seine temporäre Berechtigung. Auch Kissen und Teppich, Paravent und Vorhang, die gesamte Ausstattung ist das gemeinschaftliche Werk der Künstlerfreunde. Sie machen aus der bitteren Not eine kreative Tugend. Was man nicht kaufen kann, weil Geld fehlt oder Gestaltung vermisst wird, das schnitzt und malt, appliziert und batikt man selbst. „So wurde die persönliche Form durch die verschiedenen Techniken durchgeknetet bis zum letzten Strich", erinnert sich Kirchner. „Die Liebe, die der Maler dem Mädchen entgegenbrachte, die sein Gefährte und sein Helfer war, ging über auf die geschnitzte Figur" – oder in das gemalte Bild.

Heckel konzentriert sich auf elementare Ordnungsprinzipien der Komposition. Im dekorativen Gestus, in der flächigen Farbdichte und den Abbreviaturen der Gesichter sind Anklänge an Matisse zu spüren. Der aufgeklappte, bemalte Paravent im Zentrum des Ateliers trennt einen Raum im Raum ab und gestattet so ein ironisches Wechselspiel von Davor und Dahinter, Fragment und Ganzheit, Volumen und Fläche. Hier wird Räumlichkeit behauptet, ohne sie einzulösen.

Ein Akt-Duo entfaltet auf rotem Sitzkissen intime Lebendigkeit wie auf dem Präsentierteller. Im Vergleich mit den schattenrissartigen Figurationen des Paravents jedoch entwickeln sie mitnichten prägnante Körperlichkeit. Zwei andere Frauen agieren im luftleeren Zwischenraum hinter dem exotischen Stellschirm und vor Kirchners berühmtem Brücke-Vorhang mit „barbarischen Liebespaaren" in grünen Medaillons, die hier ganz abstrakt zitiert sind. Ihr blitz- und torsoartiges Erscheinen im Bild wirkt wie eine filmische Momentaufnahme – Slapstick.

Anders als Kirchner, der in analogen Szenarien derselben Zeit den Blick in das kleine Gemach hinter dem Batikvorhang auf eine fünfte Gestalt öffnet und damit Raum- wie Figurenkonstellation verkompliziert, strebt Heckel nach abstrahierender Vereinfachung und ungetrübter Komplementärwirkung. Seine vier Figuren sind von ornamentaler Immaterialität. Die energisch konturierte, leuchtende Flächenkonstruktion scheint vom Holzschnitt zu profitieren, den der Maler als stärkste graphische Kraft der Brücke neben Kirchner perfektioniert. In Ausschnitt und Bruchstück offenbart die *Atelierszene* Heckels mitmenschliche Nähe und innere Freiheit – eben jene singuläre Qualität, die das gemeinschaftliche Leben und Arbeiten während der Dresdener Jahre auszeichnet.

Atelierszene, 1910/11
Öl auf Leinwand, 70 x 48 cm
Staatliche Kunstsammlungen Dresden,
Leihgabe aus dem Nachlass Erich Heckel

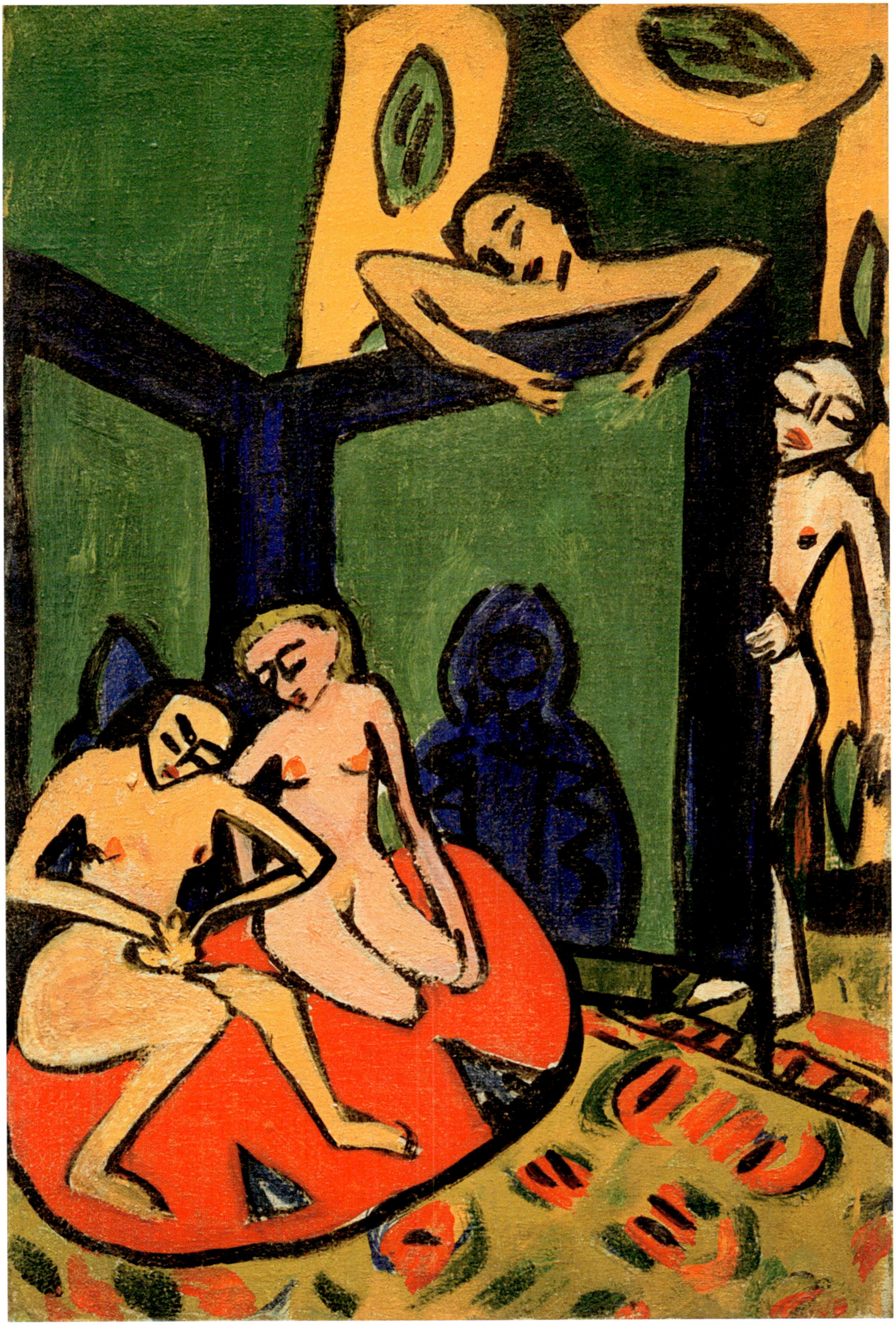

Erich Heckel

Frau mit Tuch, 1912

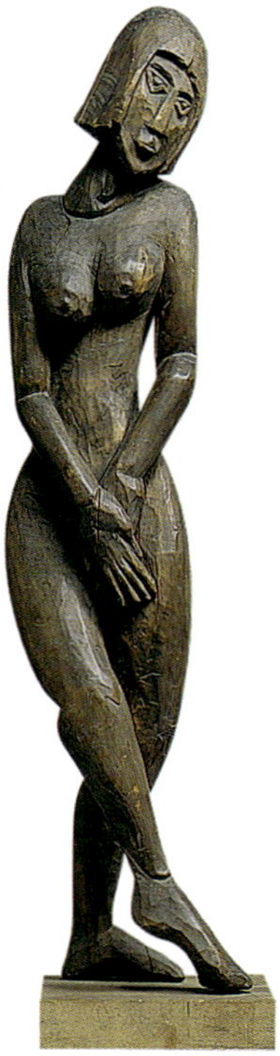

Ernst Ludwig Kirchner
Stehende**, 1912**
Holzskulptur (Erle), 98 x 23 x 18 cm
Berlin, Staatliche Museen zu Berlin, Nationalgalerie

Es gehört zur Ironie der Geschichte, dass die Skulptur des Expressionismus eine Erfindung von Malern ist. Von Ernst Barlach und Wilhelm Lehmbruck abgesehen, entsteht sie zwischen 1906 und 1911 in den Ateliers der Brücke-Künstler und erreicht zwischen 1911 und 1913 ihren Höhepunkt. Heckel beginnt schon 1906, Figuren aus Holz zu schnitzen, hört jedoch nach 1912 beinahe auf damit; das meiste ist verschollen oder zerstört. Kirchner folgt ihm um 1909 und bereichert die Gattung durch Zinnguss und Stein; 140 seiner plastischen Werke, viele auch aus Davoser Zeit, sind bekannt. Schmidt-Rottluff und Pechstein eröffnen ihr skulpturales Werk im Wesentlichen erst nach der Auflösung der Künstlergruppe.

Von Mitte 1909 bis zum ersten Höhepunkt im Sommer 1911 formulieren Heckel und Kirchner in intensiver Zusammenarbeit das Phänomen der Brücke-Skulptur vollständig aus: äußerst roh behauen, kontrastreiche lineare Bemalung, im Gestus extrem dramatisch. Das hat kein Vorbild. In der Begegnung mit afrikanischer und ozeanischer Kunst im Völkerkundemuseum Dresden finden sie seit 1909 zwar Kongeniales, doch steht die strikte Frontalität der „Primitiven" ihrer räumlich verspannten Rhythmik wie auch ihrer fast aggressiven Expressivität fern. Parallelen in der zeitgenössischen Plastik finden sich am ehesten bei Picasso und Matisse. Die zwei stehenden Aktfiguren von 1912 sind typische Vertreterinnen der nachfolgenden „klassischen" Phase und charakterisieren darüber hinaus signifikante Unterschiede im plastischen Denken ihrer Schöpfer. Beide sind geprägt von der radikalen Vereinfachung des Körpers, der in elementare Volumina zerlegt ist, und einer dynamisierenden Gestaltung. Heckels melancholische *Frau mit Tuch* zeigt stärker die Spuren des Schnitzmessers als die geglättete und streckenweise polierte *Stehende* von Kirchner. Eine kleinteilige Struktur überzieht die gesamte Oberfläche. Sie wirkt zusammen mit den großflächigen Farbpartien und dem verhüllenden Tuch vereinheitlichend. Trotz aller Grobheit der Bearbeitung sind die Übergänge weich fließend und von großer Zartheit.

In Kirchners etwas kleinerer Skulptur hingegen wirken die Körperpartien markant gegeneinander abgesetzt und in sich verdichtet. Alle Formen sind straff gespannt und von scharfen Konturen eingegrenzt. Die Figur erscheint wie von Einzelimpulsen räumlich aktiviert; ein Bein greift über das andere hinaus. Die Arme bewegen sich symmetrisch vor den Körper; Kopf und linkes Bein weisen expressiv in dieselbe Richtung; in ihrem Sog geraten auch Halsansatz, Brüste und Becken in eine Schräglage. Kirchner zielt vor allem auf Rhythmik. Seine *Stehende* gewinnt ihre geschlossene Form in einem visuellen Spannungsgefüge, das über die Grenzen der hart abgesetzten Teile hinweg aus formalen Parallelen und subtilen Richtungsbezügen entsteht. „Es ist so gut für das Malen und Zeichnen, Figuren zu machen", schreibt er 1911, „es gibt der Zeichnung Geschlossenheit, und es ist ein sinnlicher Genuss, wenn Schlag für Schlag mehr Figur aus dem Stamm herauswächst."

„In jedem Stamm steckt eine Figur, man braucht sie nur herauszuschälen."

— ERNST LUDWIG KIRCHNER, 1911

SEITE 43
Frau mit Tuch**, 1912**
Holzskulptur (Akazie), 103 x 19 x 16 cm
Berlin, Brücke Museum

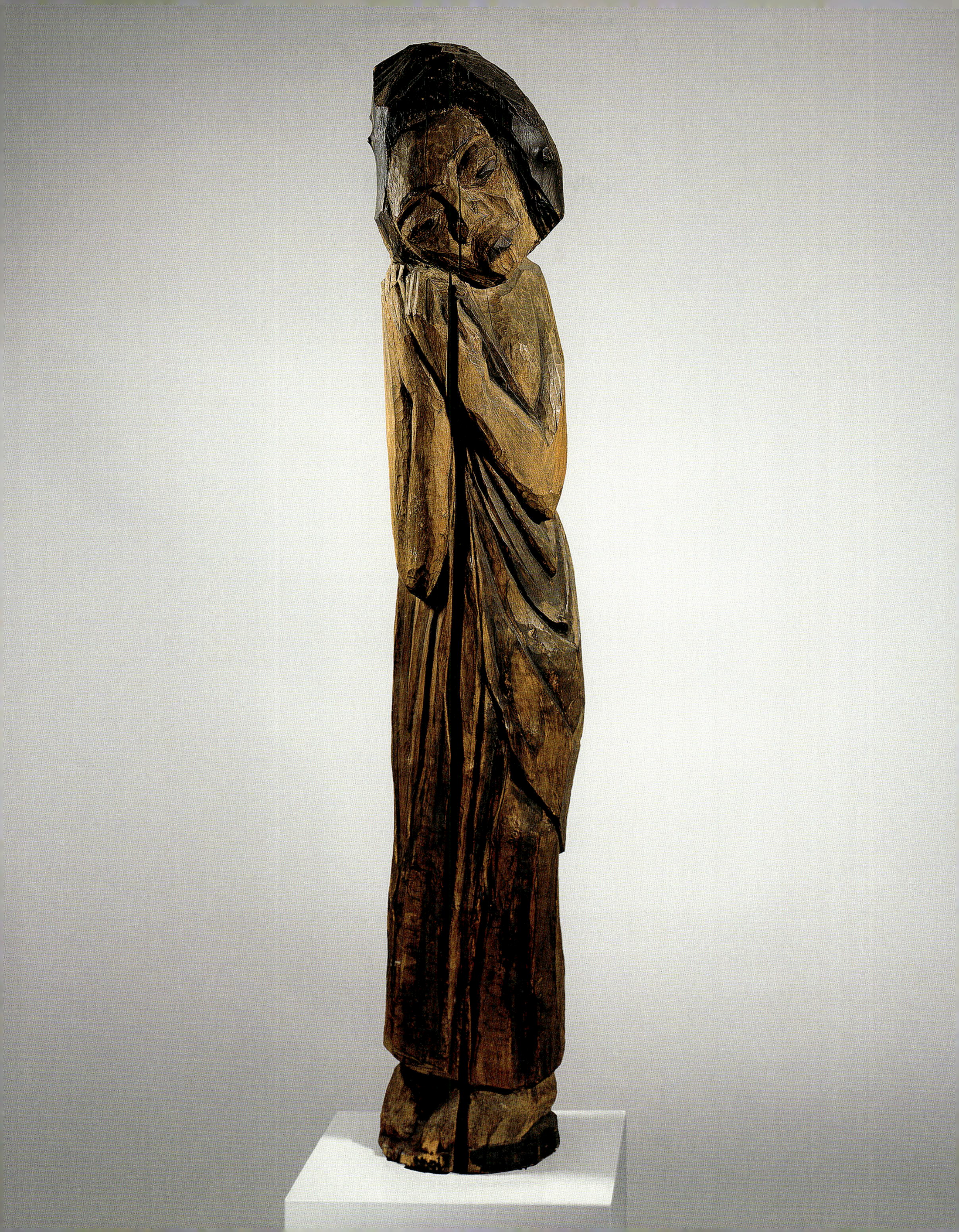

Erich Heckel

Barbierstube (Beim Friseur), 1912/13

„Das Ungewusste wie das Ungewollte ist die Quelle der künstlerischen Kraft."
— ERICH HECKEL,
„DAS NEUE PROGRAMM", 1914

In der Barbierstube sitzt stoisch ein Mann. Vielleicht ist es der Maler selbst? Doch wirkt seine hölzerne Physiognomie über dem eisigen Umhang seltsam fremd. Seinem erstarrten Profil mit dem Basiliskenauge antwortet ein verwittertes Phantom im Spiegel. Er lässt sich von einem verzweifelt verrenkten Friseur die Haare schneiden. Wie ein Komödiant umspringt ihn der spindeldürre Barbier mit todtraurig geschminkter Miene. Im Hintergrund wartet, fahl brütend, ein zweiter Kunde. Die Köpfe der drei Akteure leuchten in bleicher Beklemmung isoliert aus dem grünlichen Dunkel des Grottenraums – ein fast gleichschenkliges Dreieck markierend. Der eckig ausfahrende Arm des Protagonisten dynamisiert diese imaginäre Bildkonstruktion, der zwei Wandspiegel in perspektivischer Verzerrung sekundieren. Zu viel innerer Aufwand für eine alltägliche Handlung, scheint es.

Das Gemälde zeigt eine der wenigen Alltagsszenen, die Heckel in Berlin malt. Anders als Kirchner, den nervöses Großstadttreiben magisch anzieht, hat der zu Schwermut neigende Freund kaum einen Blick für das öffentliche Leben in der Metropole. Doch kristallisiert sich hier seine künstlerische Eigenart heraus. Kompositionen verhärten, Aussagen verdichten sich. Kantige Konturen umschließen tragische Gestalten. Das kontrastreich leuchtende Kolorit der Dresdener Tage trübt sich mit schweren Pinselstrichen auf einen erdigen Grundton ein. Düstere Melancholie in höhlenartigen Innenräumen löst die ungetrübte Heiterkeit der Naturparadiese ab. Einsame, leidende und kranke Figuren beunruhigen zunehmend die Bildwelt. In versteinerten Mienen über ungelenken Körpern spiegelt sich Weltschmerz. Der Psychologisierung des Menschenbildes entspricht eine Vergeistigung der Form. Dieser asketische Gestus resultiert aus holzschnitthafter Vereinfachung. Die „gotische" Deformation von Bildraum und Figur intensiviert den spirituellen Ausdruck. In das Aktionsfeld der Wahrnehmung schaltet sich stärker Imagination ein, in der – ungewusst und ungewollt – Reflexe der Großstadt aufscheinen.

Die Berliner Jahre 1912/13 sind ein Höhepunkt im Werk Heckels. Allein 1913, befreit von der Last der Brücke-Organisation, malt er rund 80 Bilder. Ein Jahr zuvor gelingt ihm mit dem ehrenvollen Auftrag für die Wandgestaltung der Kapelle auf der Sonderbund-Ausstellung in Köln ein öffentlicher Durchbruch. Die *Barbierstube* entsteht in diesem Zeitraum als inhaltlich gesteigerte Motivvariation in der Nachfolge eines Aquarells und einer Radierung von 1912. Rückseitig findet sich das 1913 datierte Sujet *Holzfäller in Caputh.* Dem radikal reduzierten Friseur-Szenarium in Wasserfarben gewinnt die Radiernadel einen burlesk pointierten Ausdruck ab. Die groteske Zuspitzung im Gemälde führt zu einem fast absurd wirkenden Ernst. Doppeldeutig schwankt die Atmosphäre zwischen Fatalismus und untergründiger Gewalt. Der Maler reibt sich an der Sinngebung des Gegenständlichen wund, das für ihn – anders als für die Künstlerkollegen des Blauen Reiters – ein Nonplusultra bleibt.

1926 erwirbt die Staatliche Galerie Moritzburg Halle das Bild. 1937 wird es in der Aktion „Entartete Kunst" beschlagnahmt und 1940 für 30 Dollar dem Kunsthändler Ferdinand Möller übergeben. Nach 1948 wieder in der Moritzburg beheimatet, gehört die *Barbierstube* seit 1997 der Stadt Halle rechtmäßig – als Schenkung der Ferdinand-Möller-Stiftung anlässlich der Rückerwerbung des Kirchner-Gemäldes *Akte im Strandwald* für 2,2 Millionen Mark.

Barbierstube (Beim Friseur), 1912/13
Öl auf Leinwand, 95 x 72 cm
Halle, Kunstmuseum Moritzburg,
Schenkung der Ferdinand-Möller-Stiftung

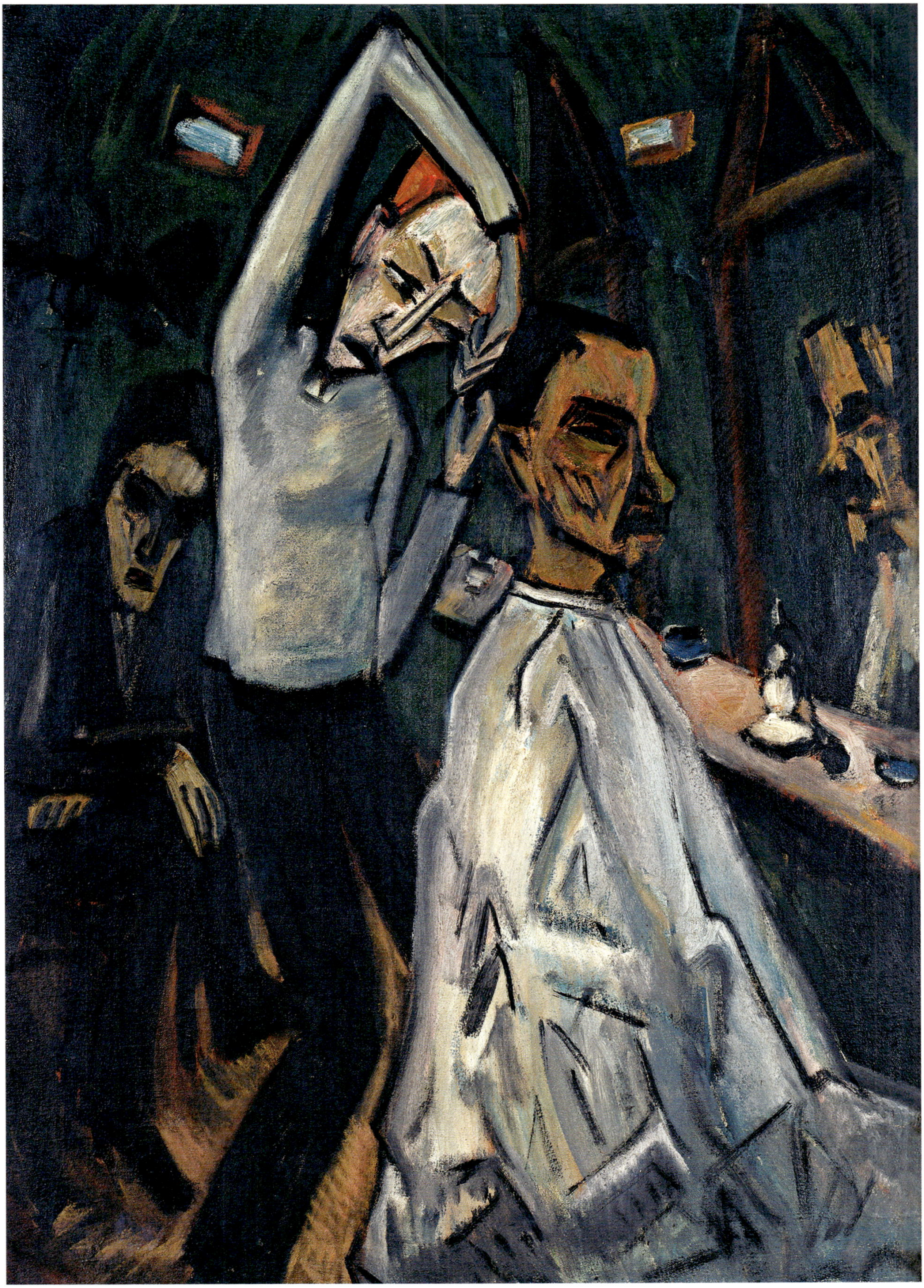

Erich Heckel
Gläserner Tag, 1913

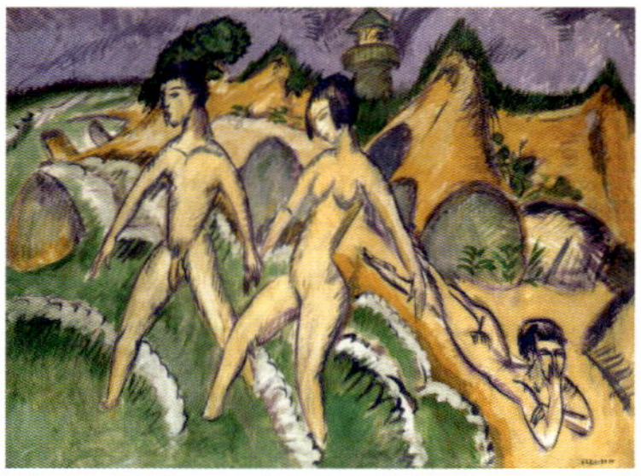

Ernst Ludwig Kirchner
Ins Meer Schreitende, 1912
Öl auf Leinwand, 146,4 x 200 cm
Staatsgalerie Stuttgart

„Es ist so seltsam, wie ich schwebe."
— ERNST LUDWIG KIRCHNER, DAVOSER TAGEBUCH, 1925

Elementare Ostseelandschaften: einsame Strände, bizarre Steilküsten und bewegtes Wellenspiel – sie bilden in den Jahren 1912 bis 1914 den Gegenpol zur Metropole Berlin. Hier entwickeln Kirchner und Heckel, Schmidt-Rottluff und Pechstein ihre Visionen vom freien Menschen in der Natur weiter – und entfalten dabei nach Erlebnissen mit der europäischen Avantgarde auf der Kölner „Sonderbund-Ausstellung" und in Herwarth Waldens Sturm-Galerie markante Individualstile. Statt fröhliche Harmonie bewegt die Badenden jetzt ambivalente Stimmung oder kosmische Steigerung. Der „Klang" der Bilder ändert sich.

Kirchner entdeckt 1912 die Ostseeinsel Fehmarn neu, die er 1908 schon einmal besucht hat. Bis ihn der Weltkrieg im Sommer 1914 vertreibt, verbringt er mit seinen Gefährtinnen Erna und Gerda Schilling oder seinen beiden Schülern Gothein und Gewecke drei Sommer hier. Fehmarn-Bilder machen fast die Hälfte seiner Jahresproduktion aus. Das Gemälde des ins Meer schreitenden Menschenpaars vor dem Leuchtturm auf der Staberhuk ist schon allein seines Riesenformats wegen ein Höhepunkt der Ära. Fast lebensgroß formen die schmalen, streng durchgliederten Figuren im dynamischen Gleichtakt gegen den schwingenden Rhythmus der Wellen eine spannungsvolle, fast musikalische Bildbalance. Weder verliert die ornamentale Landschaftszeichnung an Lebendigkeit, noch die geometrische Körperkonstruktion an Erotik. Kaltes Violett, kühles Grün und südliches Ocker bilden einen raffiniert unsentimentalen Farbklang. Anders als Heckel ist Kirchner unempfindlich gegenüber den Facettierungen eines Robert Delaunay. Der grafische Charakter und die durchscheinende Farbigkeit rühren von seiner Auseinandersetzung mit den Ajanta-Fresken her, wie auch die originären Randschraffuren – künftige Signatur der Großstadtbilder. Der „Maler müsse immer voller Figur" sein, ist seine Überzeugung. „Je mehr der Maler von Natur in sich hat, je freier kann er mit den Formen schalten."

Heckel malt 1913 an der Flensburger Förde das Hauptwerk *Gläserner Tag*. Der Maler – in seinen kubofuturistischen Tendenzen bestärkt durch die Freundschaft zu Franz Marc und Lyonel Feininger, die ihn Delaunays Orphismus sehen lehren – erreicht ein bislang ungekanntes Gleichgewicht von konstruktiver Klarheit und vergeistigter Expression. Eine reich facettierte Bewegung durchdringt den immateriellen Bildraum. Die Spiegelungen im Wasser verzerren zwei kubische Wolkenpartien zu spitzen Figurationen, deren aggressive Dynamik die lyrische Versonnenheit des weiblichen Auftritts konterkariert. Wasser und Himmel, Akt und Landschaft verschmelzen und erstarren in luzider Atmosphäre zu einer höchst gefährdeten, gläsernen Harmonie – wie durch einen Kristall betrachtet.

Im Mai 1913 geht die Brücke zu Bruch, nachdem die Utopie einer Einheit von Kunst und Leben zersplittert war. Ein Jahr darauf finden Paul Scheerbart und Bruno Taut im Zeichen einer fantastischen Glasarchitektur zusammen, kurz vor Beginn des Ersten Weltkriegs, der die alte Weltordnung als Scherbenhaufen hinterlassen wird.

Vor diesem kunst- und zeitgeschichtlichen Hintergrund wirkt Heckels Vision in ihrer hellsichtigen Mischung aus kristalliner Formstrenge und gesteigerter Empfindung, irdischem Gleichklang und symbolischer Transzendenz wie ein Vermächtnis des deutschen Expressionismus.

SEITE 47
Gläserner Tag, 1913
Öl auf Leinwand, 117 x 92 cm
München, Pinakothek der Moderne

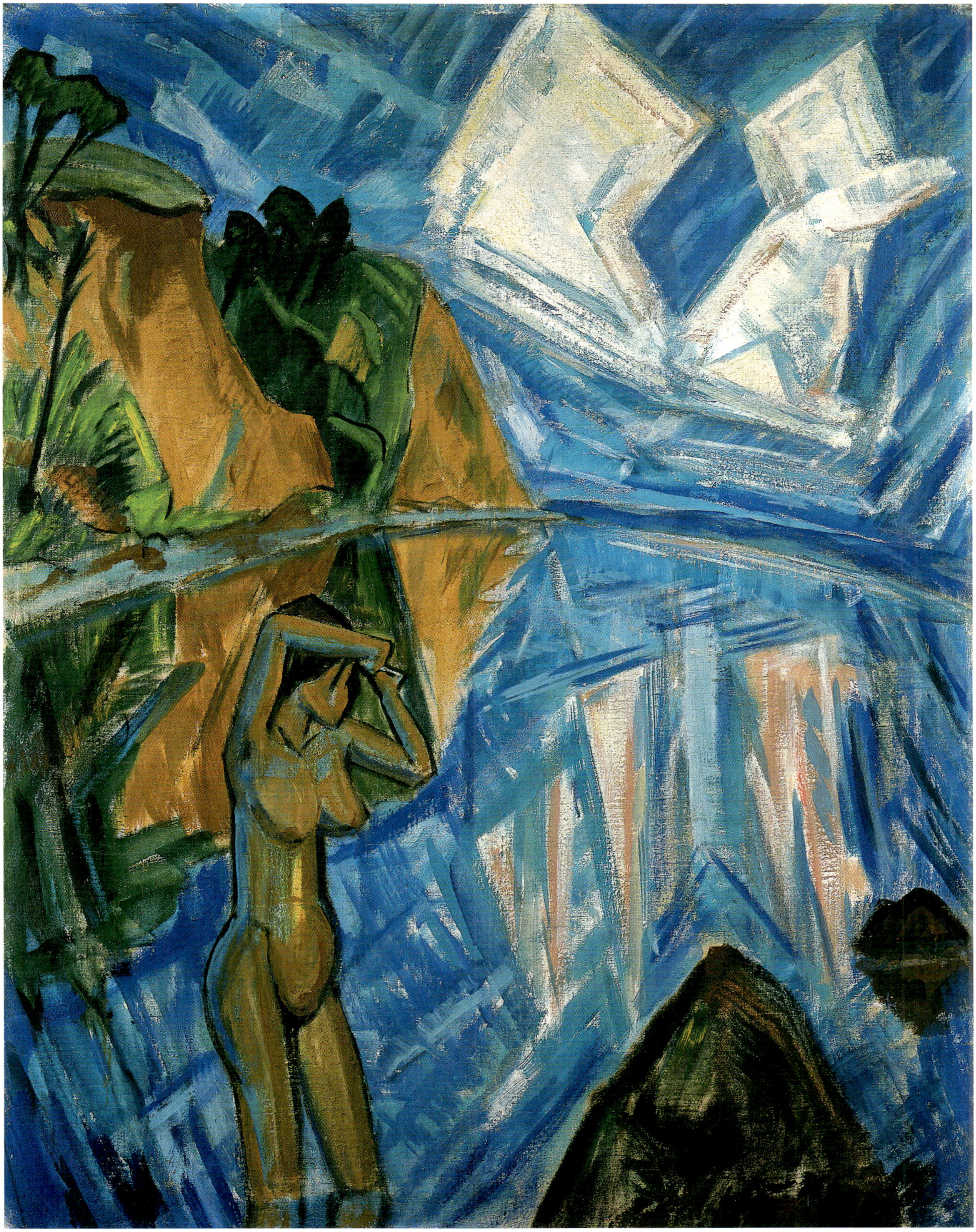

Ernst Ludwig Kirchner
Heckel und Modell im Atelier, 1905

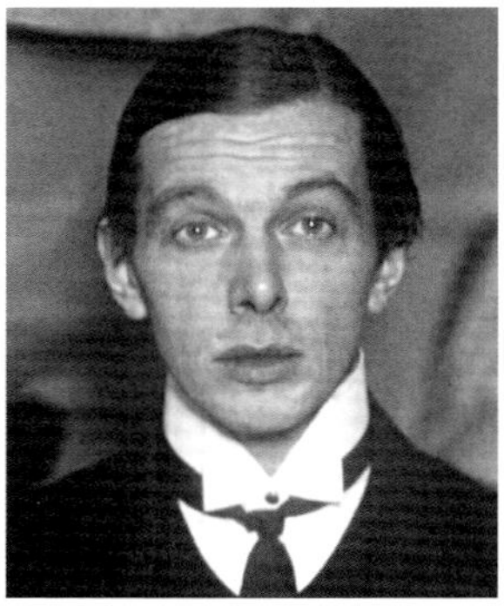

* 1880 in Aschaffenburg
† 1938 in Frauenkirch, bei Davos

„Ich sah sofort, dass ich einen geborenen Maler vor mir hatte."
— ERNST LUDWIG KIRCHNER, DAVOSER TAGEBUCH, 1923

Kirchner lernt Heckel im Laufe des Jahres 1904 beim Architekturstudium an der Technischen Universität Dresden kennen. Die Autodidakten eint der glühende Wille zur Kunst. Sie erkennen einander sofort als blutige Anfänger ohne Form und Praxis – und stürzen sich mit Feuereifer in das gemeinschaftliche Selbststudium. „Diese restlose Hingabe leuchtet im Auge Erich Heckels als er zum ersten Mal zu mir Aktzeichnen kam und … Befreiung suchte wie ich in freier Arbeit, und das erste für die Maler war das freie Zeichnen nach dem freien Menschen in freier Natürlichkeit. Das Atelier wurde eine Heimstatt den Menschen, die gezeichnet wurden: Sie lernten von den Malern, die Maler von ihnen. Unmittelbar und reichhaltig nahmen die Bilder das Leben auf." Aus diesen Urgründen erwächst im Juni 1905 die Brücke. Kirchner und Heckel bilden das engste Freundespaar der Künstlergruppe. In künstlerischer wie geistiger Hinsicht Protagonisten, ergänzen sie sich auf das Glücklichste: Kirchner als programmatischer Kopf, Heckel mit organisatorischer Schwerkraft. Heckel ist es auch, der Mitte 1905 einen leer stehenden Laden im Dresdener Vorort Friedrichstadt als gemeinsames Atelier mietet. Hier treffen sie alle zusammen, um ihre berühmten, im Zeittakt forcierten Aktstudien fortzusetzen.

Das atmosphärisch dichte Kleinformat Kirchners ist eines der frühesten Zeugnisse der originären Arbeits- und Lebensgemeinschaft. Der Blick geht aus der Froschperspektive in den beengten Hauptraum des Ladenateliers, magisch angezogen von einem leuchtenden Aktmodell im Hintergrund. Einer Statue gleich – als Podest dient eine Fußbank – hebt es sich wirkungsvoll vor einer orange-blauen Folie ab. Die markante Streifenstruktur ist als heruntergelassenes Lamellenrollo eines Schaufensters interpretiert worden. Die Sicht verbarrikadiert eine übergroß wirkende Staffelei links im Vordergrund, stark angeschnitten vom linken Bildrand, und gegenüber die schemenhafte Silhouette Heckels im Profil, der nach rechts gewendet an einer Studie arbeitet, die sich schon außerhalb des Gesichtskreises befindet. Im Gegensatz zur programmatischen Dynamik der Viertelstundenakte, die in blitzartig skizzierten Zeichnungen erfasst werden, wirkt die rothaarige Modellfigur in ihrer akademischen Steifheit wie eine entrückte Vision der Malerei, die es noch zu erobern gilt. Auf schlichte Pappe in sparsamen Pinselzügen flüssig skizziert, wirkt die intime Arbeitsszene im Gegenlicht wie ein kurzes Atemholen auf der Stilsuche.

Kirchner hat während eines halbjährigen Studienaufenthalts in München 1903/04 in der modernen Obrist-Debschitz-Kunstschule nicht nur ein unkonventionelles Aktstudium im Freien kennengelernt, sondern auch die Kunst des französischen Postimpressionismus der Nabis. Edouard Vuillard und Félix Vallotton hinterlassen Spuren in seinem Frühwerk. Der extrem fragmentierte Bildausschnitt und die skizzenhafte Flächigkeit des szenischen Freundschaftsbildes zeugen davon. Parallel entwickelt Kirchner jedoch bereits eine an Georges Seurat und Paul Signac orientierte pointillistische Malerei, die Ende 1905 den entscheidenden Energiestoß durch van Gogh erhalten wird. Dies dokumentiert 1907 ein explizites Heckel-Porträt. 1910 feiert er den Freund gar in ganzer Figur.

Heckel und Modell im Atelier, 1905
Öl auf Karton, 50 x 33,6 cm
Berlin, Brücke Museum

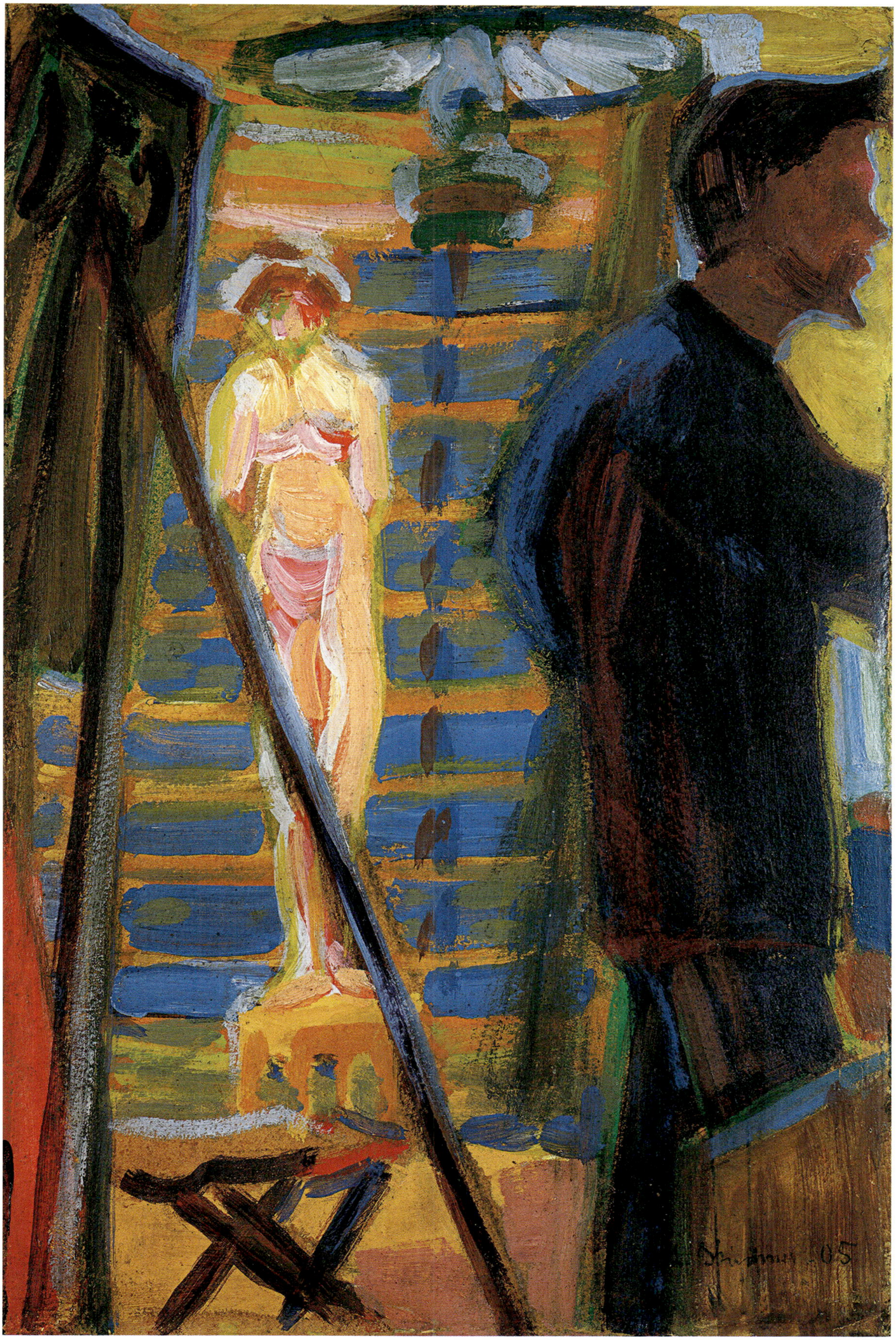

Ernst Ludwig Kirchner
Weinstube, 1909

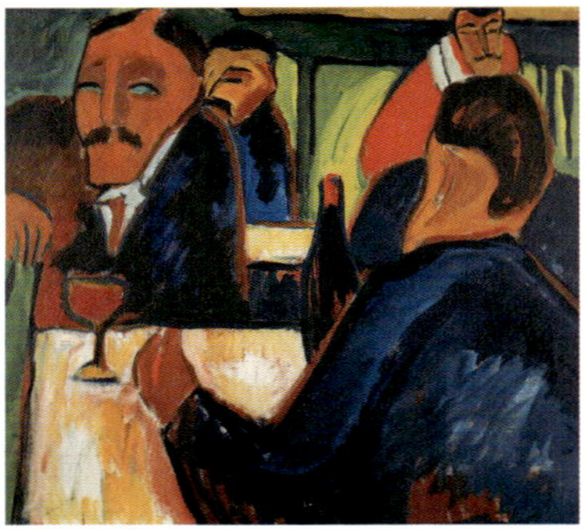

Karl Schmidt-Rottluff
Weinstube, 1913
Öl auf Leinwand, 76 x 84 cm
Berlin, Brücke Museum

„Arbeiten! Rausch! Gehirn zerschmettern!"
— MAX PECHSTEIN, 1920

Menschen in der Großstadt, öffentliches Leben auf den Straßen und in Cafés, Alltag unter den Bedingungen des Fortschritts und der Massengesellschaft, neuartige Vergnügungen in Zirkus, Varieté und Bordell, Tingeltangel, Halbwelt und Prostitution – all dies hat Künstler der Moderne seit dem Impressionismus beschäftigt. Um die Jahrhundertwende vertieft sich parallel zur Entwicklung der Psychoanalyse, anhand eigener Erfahrungen, der künstlerische Einblick in den Zwiespalt moderner Seelenlagen: Melancholie und Einsamkeit, Angst und Entfremdung, aber auch Rausch und Traum sind Themen, die mit zunehmendem psychologischem Einfühlungsvermögen und neuen Methoden bildnerisch darstellbar werden.

Zu einem ausdrucksstarken Sujet avanciert, von Manet über Cézanne bis zu Picasso und Munch, der einsame Absinthtrinker in der Öffentlichkeit. In dieser Ahnenfolge verstehen sich die schwermütigen Trinkerzirkel in den Weinstuben der Brücke-Künstler als tragische Repräsentanten des zeitgenössischen Lebensgefühls, weniger als autobiografische Zustandsberichte. Doch zumindest Kirchner nimmt in Berlin zunehmend Alkohol und Sex als Stimulanzien in Anspruch, später auch Veronal und Morphium, das er in seinem Tagebuch euphemistisch als Medizin bezeichnet. Seine *Weinstube* entsteht noch vor dem Auszug aus dem „irdischen Paradies" Dresden um 1909, im werkgeschichtlichen und Erlebnis-Kontext mit Varietébildern wie *Japanisches Theater* (1909) und *Drahtseiltanz* (um 1909). Jedenfalls sitzen die wirkungsvoll übereck positionierten drei Trinker im Vordergrund vor einer Bühne, die ein Vorhang mit textilem Flächendekor sanft umschwingt. Eine unterschwellige Diagonale führt die Komposition von links unten nach rechts in die Tiefe. Munch steht hier nicht nur im Motiv Pate. Einzelformen sind großzügig vereinfacht, Konturen und Binnenstrukturen in aufgelockerter Pinselschrift formuliert. Der komplementäre Farbkontrast scheint im Licht künstlicher Lampen gedämpft, analog zur nächtlichen Stimmung und ganz anders als in den gleichzeitigen Aktbildern unter freiem Himmel. Im Stillleben der Weingläser und Flaschen an vorderster Bildfront klingt der rot-grüne Akkord des Hintergrunds noch einmal verstärkt auf. Das Szenarium lebt von dieser malerisch bewegten Korrespondenz der Farbflächen, die mit weicher Zeichnung umrissen sind. Dagegen wirkt die maskenhaft reduzierte Schwermut der Trinker besonders expressiv.

In Antithese zu Kirchner fasziniert Schmidt-Rottluff das Leben in der Metropole nie. So ist seine 1913 datierte *Weinstube* ein singuläres Ereignis – in Motiv und Stil. In der rektangulären Härte der kontrastreichen Flächenordnung formuliert der Maler ein ausdrucksstarkes Erlebnisbild der modernen Großstadt. Im selben Jahr legt Kirchner im Anhang seiner Brücke-Chronik eine künstlerische Quintessenz vor: „Die Malerei ist die Kunst, die auf der Fläche ein sinnliches Erlebnis darstellt … Die sinnliche Lust am Gesehenen ist der Ursprung aller bildenden Kunst von Anfang an … Durch die restlose Umsetzung des Erlebnisses in die Arbeit entsteht das Kunstwerk." Und 1921 prägnanter: „Für Form und Farbe ist die sichtbare Welt die Anregerin. Sie wird aber soweit umgestaltet, dass im Bild eine vollkommene Neuform entsteht."

SEITE 51
Weinstube, 1909
Öl auf Leinwand, 71,8 x 81,3 cm
The Saint Louis Art Museum,
Bequest of Morton D. May

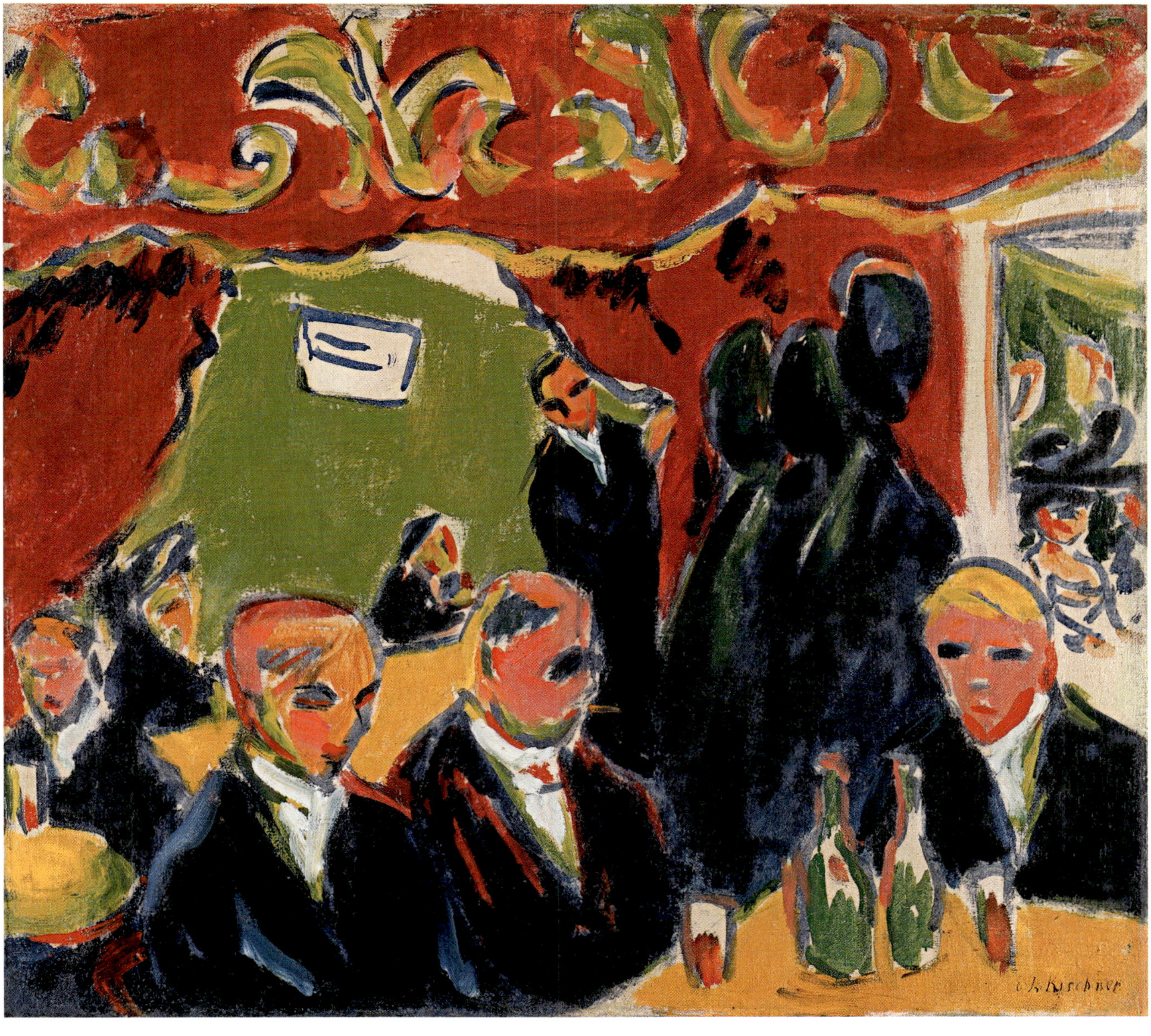

Ernst Ludwig Kirchner
Marzella (Fränzi), 1909/10

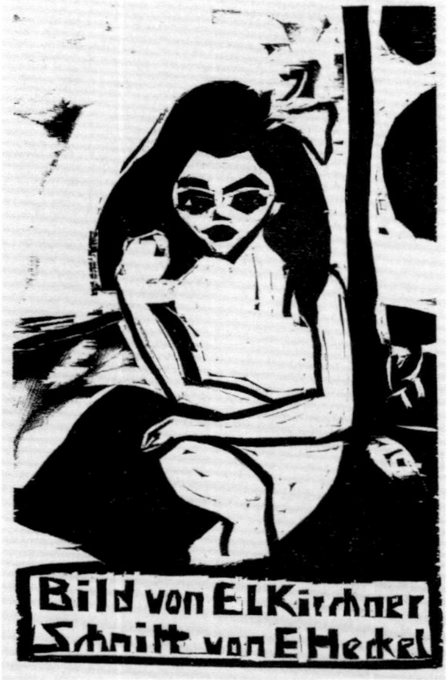

Erich Heckel
Sitzender Akt (Fränzi), 1910
Holzschnitt nach dem Gemälde
Marzella von Kirchner, 16,9 x 11 cm
Staatliche Kunstsammlungen Dresden,
Kupferstich-Kabinett

Eine Ikone des Dresdener Brücke-Expressionismus ist das Aktbild eines vorpubertären Mädchens, frontal sitzend, die Arme vor dem eckigen Körper im Schoß verschränkt, ein dunkles Augenpaar suggestiv auf den Betrachter gerichtet, weiße Schleife im kastanienbraunen Haar. Lippen und Fingernägel zu rot, grünliche Schatten unter den Augen; aber das ist vielleicht schon eine Zutat des Malers, ein Wunschbild. „Marcella ist jetzt ganz heimisch geworden und entwickelt feine Züge", berichtet Kirchner auf einer Postkarte im Frühjahr 1910 an Heckel nach Berlin. „Wir sind ganz vertraut geworden, liegen auf dem Teppich und spielen. Es liegt ein großer Reiz in einem solchen reinen Weibe, Andeutungen, die einen wahnsinnig machen können. Toller als in den älteren Mädchen. Freier, ohne dass doch das fertige Weibe verliert. Vielleicht ist manches bei ihr fertiger als bei den reiferen und verkümmert wieder. Der Reichtum ist sicher größer jetzt. Heute brachte sie ihre Freundin mit, 12 Jahre alt, hat eine Schwester von 15. Das wird was für uns, hoffe ich." Und in der Tat, Marzella entwickelt sich zum legendären „Markenzeichen" der Reifephase der Dresdener Brücke-Ära.

Viel ist um diese kindliche Freundin der Maler und ihre Gefährtinnen gerätselt worden, die 1910 mit markanter Silhouette und Physiognomie die Friedrichstädter Atelier- und Moritzburger Landschaftsbilder erobern. Kirchner nennt sie Marzella oder Marcella und später Fränzi. Zusätzlich führt eine impressive Fehlerinnerung Pechsteins die kunsthistorische Forschung jahrelang auf die falsche Fährte von zwei Schwestern von 12 und 15 Jahren, angeblich Töchter eines verstorbenen Dresdener Artisten in der Nachbarschaft, die schon für den Sommer 1909 mit Zustimmung ihrer Mutter als Modelle „angeheuert" werden – ein Mythos, den die Brücke-Literatur in der zweiten Hälfte des 20. Jahrhunderts eifrig gepflegt hat. Fakt ist jedoch, dass Lina Franziska Fehrmann im Oktober 1900 als 15. Kind eines Schlossergehilfen und einer Putzmacherin geboren wurde und hinter den Gleisanlagen des Hauptbahnhofs in der Dresdener Altstadt aufwuchs, etwa eine Viertelstunde Fußwegs entfernt von den Brücke-Ateliers. Hier entdecken Kirchner und Heckel das neunjährige Arbeiterkind wahrscheinlich Ende 1909 oder Anfang 1910.

Das Hauptwerk Kirchners gilt als wesentliches Indiz für die Identität von Marzella und Fränzi. Denn der Maler selbst hat das Gemälde *Marzella* in seinem späteren Briefwechsel als „Fränzibild" bezeichnet. Möglich, dass Marzella ein Kosename der Künstler gewesen ist, und erst lange nach dem „speziellen Ereignis", wie Heckel die Begegnung mit dem Mädchen nennt, werden dessen Porträts korrekt betitelt. Das Aktporträt jedenfalls hängt im September 1910 in der berühmten Brücke-Ausstellung der Dresdener Galerie Ernst Arnold. Als Abbildung für den handgefertigten Katalog – mit seinen 20 Originalholzschnitten ein eigenes Meisterwerk der Künstlergruppe und Zeugnis ihrer kongenialen Arbeitsgemeinschaft in dieser Zeit – schneidet Heckel das Gemälde in Holz. Der kontrastreich vereinfachende Schwarz-Weiß-Druck gibt das Original seitenverkehrt wieder. Doch auch dieses zeichnet sich durch großflächige Klarheit, weiche Konturen und eine klassischen Flächenverspannung aus. Der Mädchenakt im locker formulierten Inkarnat erscheint als sinnliches Abenteuer auf blau-schwarz gestreifter Diwandecke vor einem dichten Farbakkord in Gelb-Orange und Kirchners Batikvorhang mit den erotischen Figurenmedaillons.

SEITE 53
Marzella (Fränzi), 1909/10
Öl auf Leinwand, 75 x 60 cm
Stockholm, Moderna Museet

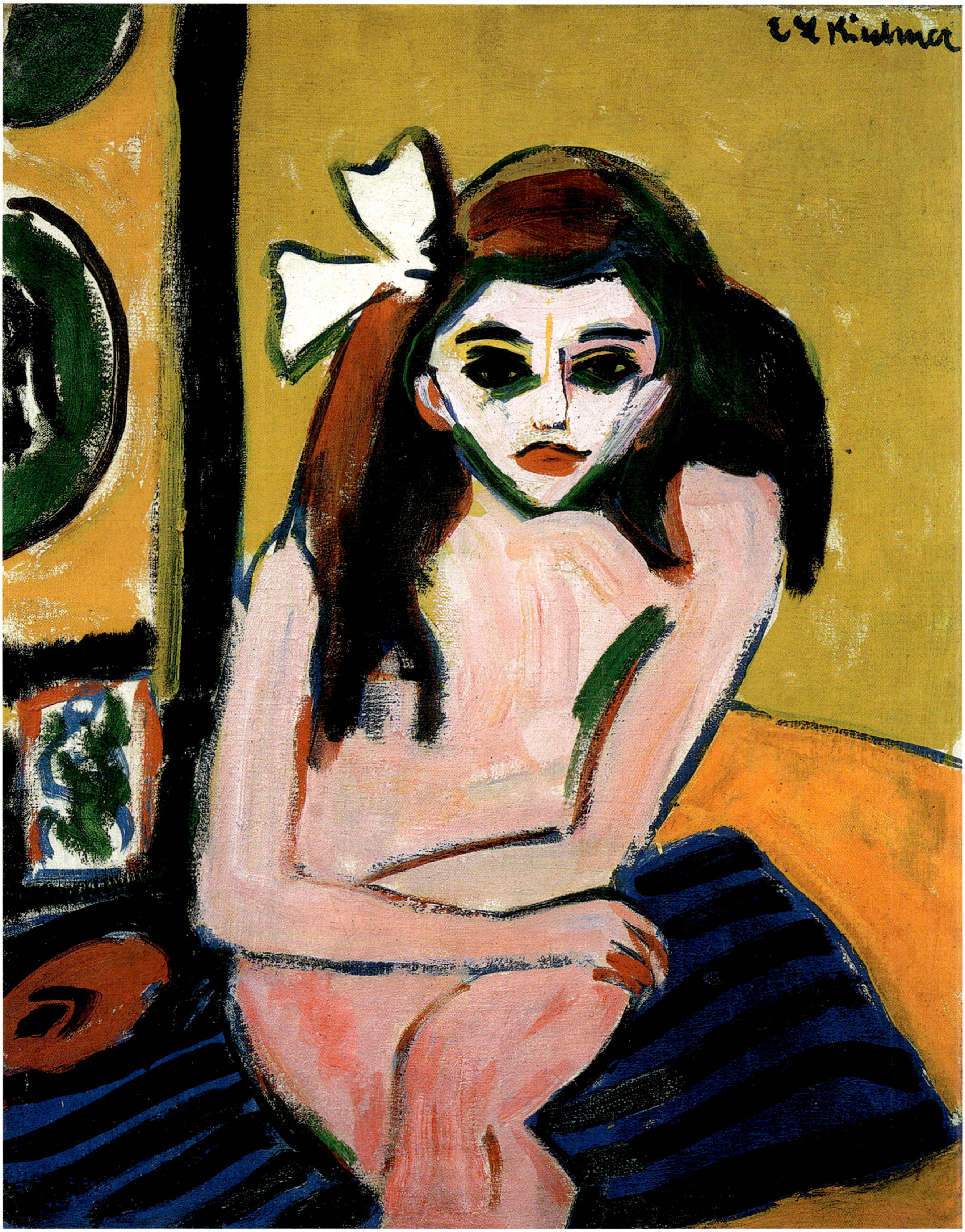
E L Kirchner

Ernst Ludwig Kirchner
Artistin (Marcella), 1910

„Alle Kunst kommt vom Menschen her."
— ERNST LUDWIG KIRCHNER, 1921

Das Kindermodell Franziska Fehrmann, genannt Fränzi oder Marcella, lümmelt in gelbschwarzem Streifentrikot und roten Pantoffeln auf dem grünem Sofa in der „Alten Brauerei", dem Moritzburger Quartier des Sommers 1910. Für die neunjährige, braun gebrannte Arbeitertochter aus der Dresdener Altstadt, die die Brücke-Künstler an die abgelegenen Teiche bei Moritzburg begleitet, ist es offenbar ein langweiliger Nachmittag; auch die Katze des Hauses döst zusammengerollt auf der Couch. Ein paar Weinflaschen am Rande des grün lackierten Dielenbodens zeugen von abendlichen Mußestunden der Maler nach vollbrachtem Tagwerk: „einer fanatischen freien Arbeit nach nackten Menschen".

Kirchner setzt die Figur des Mädchens in perspektivischer Verkürzung und diagonaler Dynamik extrem spannungsvoll und nahsichtig auf das große Hochformat. Pechstein hingegen, den schon das gelbschwarze Trikot unter freiem Himmel zu einem eigens so benannten Gemälde inspiriert hat (Abb. S. 81), malt dasselbe Motiv parallel aus einer anderen Blickrichtung – ein vielsagender Perspektivwechsel: Unter dem Titel *Das grüne Sofa* (1910) zeigt sich Fränzi konventionell von vorn wie in einem Schnappschuss aus kleinbürgerlichem Milieu. Dagegen wirkt Kirchners konsequente und raffinierte Flächenkomposition in ihrer farbigen Dichte und motivischen Klarheit wie eine monumentale Wandmalerei. Sein dominantes Grün leuchtet in nuancierten Valeurs und überstrahlt selbst das Gelb des Trikots. Die Figur ist mit wenigen roten oder grünen Pinselzügen rhythmisch konturiert. Ein paar Striche in trockenem Rot markieren den Dielenboden. Die dunkle Masse des Sofas umschließt die Hauptfigur als wirkungsvolle Folie. Der Maler verzichtet hier fast ganz auf die zeichnerische oder gestische Auflösung der Oberflächen, im Unterschied zu seinen unter freiem Himmel gemalten Bildern der gleichen Zeit. So gelangt er im Sommer 1910 zu einer ungewöhnlichen Verdichtung der Farbflächenstruktur. Keine fauvistisch-wilden Lockerheiten in der Pinselschrift, kein überflüssiges Detail stört den geschlossenen Gesamteindruck von fast klassischer Überzeugungskraft. Nichts lenkt von der zentralen Aussage des Künstlers mit dem eigensinnigen Blick ab: das zum Sinnbild gesteigerte Abbild des freien Menschen in harmonischer Balance mit seiner Umwelt.

Im „Naturkind" Fränzi verkörpert sich ein Idealbild der Brücke-Utopie von Freiheit und Ursprünglichkeit – ein Amalgam aus Erotik und Exotik. Wie zur Zusatzversicherung wird sie hier als „Artistin" vorgeführt, Hinweis auf einen antibürgerlichen Lebensentwurf, den die Künstler als Bestätigung ihres eigenen Tuns bewundern. Kirchners Gemälde ist ein Paradebeispiel der singulären Wechselwirkung von Kunst- und Lebensform, der Identifikation von erotischem und künstlerischem Idealismus. Hellsichtig erfasst der Künstler mit schrägem Blick die existenzielle Verfassung des Mädchens, das sich ihm mit einer unmissverständlichen Kehrtwendung nach innen entzieht.

Wie eine Odyssee mutet das Schicksal des Bildes an: 1910 in der Brücke-Ausstellung der Galerie Arnold vertreten, erwirbt es der Archäologe Dr. Botho Graef in Jena. Nach dessen frühem Tod 1917 schenkt es seine Schwester an den Jenaer Kunstverein, bei dem es 1937 in der Aktion „Entartete Kunst" beschlagnahmt und wie viele Werke für wenig Geld an den Berliner Kunsthändler Ferdinand Möller abgegeben wird. Erst seit 1997 ist dieses Hauptwerk des Expressionismus im Brücke Museum Berlin beheimatet.

Artistin (Marcella), 1910
Öl auf Leinwand, 100 x 76 cm
Berlin, Brücke Museum

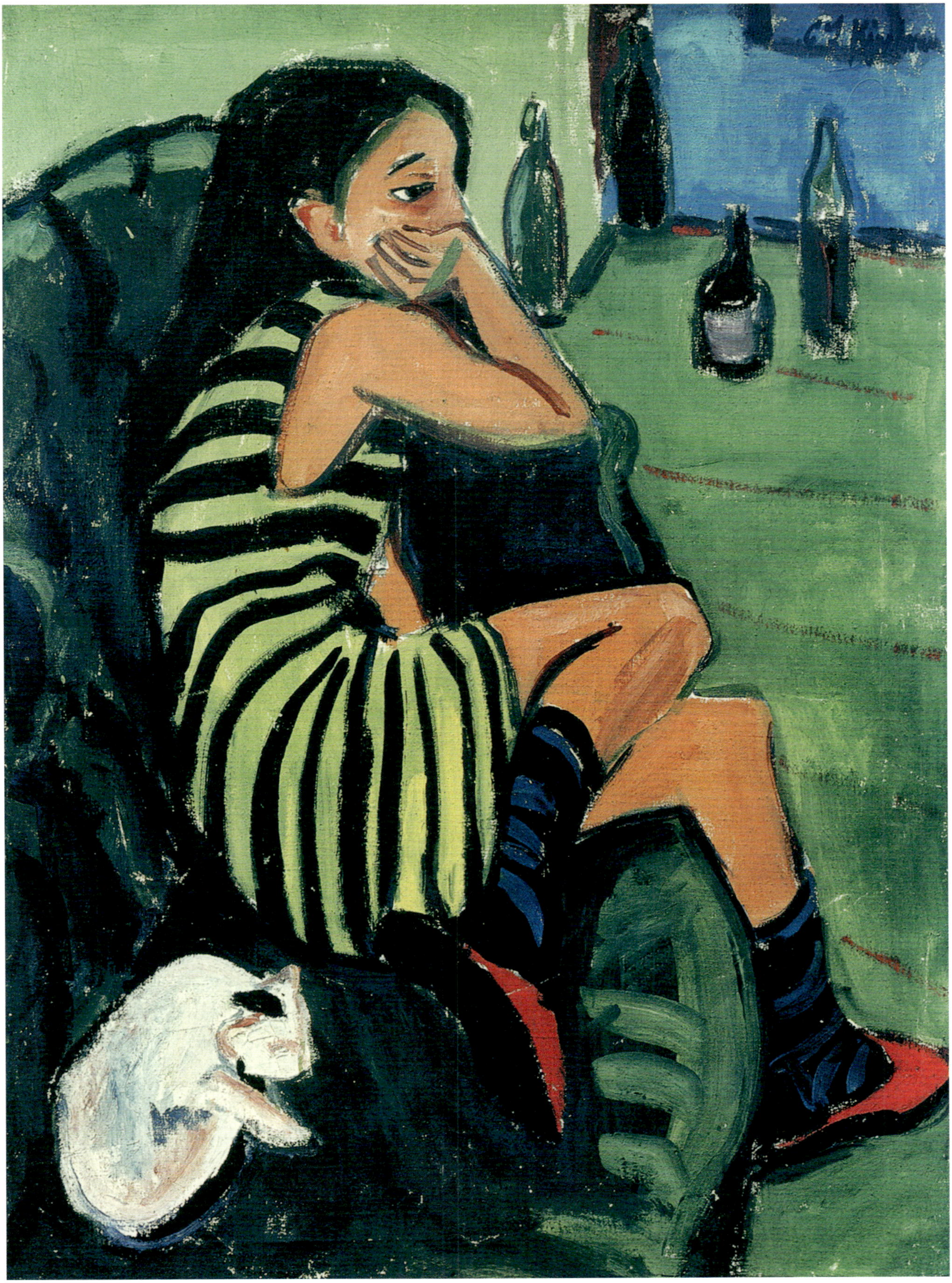

Ernst Ludwig Kirchner

Selbstbildnis mit Modell, 1910/26

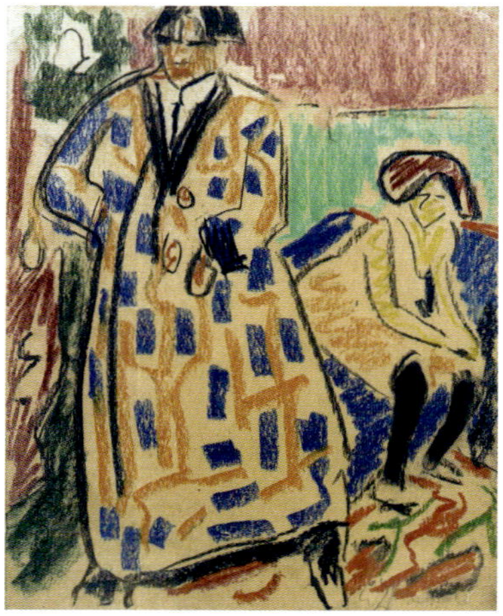

Selbstbildnis mit Modell, 1910
Farbige Kreidezeichnung, 60 x 49 cm
Halle, Kunstmuseum Moritzburg,
Sammlung Gerlinger

„Meine Arbeit kommt aus der Sehnsucht der Einsamkeit. Ich war immer allein." Ernst Ludwig Kirchner, die wohl stärkste Kraft des Brücke-Expressionismus, bleibt dem Rätsel der eigenen Persönlichkeit bis zu seinem Freitod 1938 auf der Spur. Flieger oder Maler will er werden. Doch zwischen Eigensinn und Zweifel hin- und hergerissen, reibt er sich an inneren und äußeren Widersprüchen wund. Leidenschaftlich und voller Bilder, verletzbar und unversöhnlich, anmaßend und feinnervig, liebt er das Leben, die Kunst und den „Traum". Einsam unter Freunden, ist Kirchner das A und das O der Brücke. Von seiner Hand stammt der Programmholzschnitt, der 1906 in Dresden deren Aufbruch öffentlich annonciert. Seine Chronik besiegelt 1913 in Berlin das Ende der Künstlergruppe. Zwischenzeitlich ist er Schöpfer und Hüter des Ateliers als Lebensraum. Von ihm gehen die Impulse zu neuen Methoden und Eindrücken aus. Treu zeichnet er die authentischsten Zeugnisse der Gemeinschaft auf. Nach dem Bruch mit den Künstlerfreunden folgt die eigentliche Lebenszäsur: Weltkrieg.

Wie gelähmt flieht Kirchner 1917 in die Schweiz. Vom „Zauberberg" aus überdenkt er seine Kunst und erfindet sich als Mythos neu. Wie Kirchner „Menschen nur durch die Kunst lieben" zu können glaubt, so nimmt er sich selber allein „durch das Medium der Kunst" wahr. Selbstentwürfe, Selbstreflexionen sind seinen Bildern eingeschrieben. Hier können sie gelesen und gedeutet werden. 1910, auf dem Höhepunkt der Brücke-Ära, zeichnet der Maler eine alltägliche Ateliersituation: *Selbstbildnis mit Modell.* Es folgt ein Gemälde. Aber nur die farbige Kreidezeichnung gibt authentisch Auskunft. Aristokratisch tritt die Nummer eins der Brücke auf in weißem Hemd und ornamentiertem Mantel; fast hält es ihn in der Aufwallung des Selbstgefühls nicht auf dem Teppich. Das bodenständige Aktmodell, lässig in Hemd und Strümpfen, sitzt hinter seinem Rücken zur Seite gedrängt. Nichts deutet auf künstlerische Arbeit hin. Mit wenigen forschen Strichen ist das figurative Spannungsfeld der Szene umrissen und durch fette Breitseiten des Kreidegriffels energisch ausgefüllt. Das Muster des Mantels darf man als Resonanzform geistiger Anspannung deuten. Die Physiognomie ist von rabiater Willenskraft geprägt. Eine ausdrucksvolle Momentaufnahme aktueller Stimmung zu Zeiten des künstlerischen Durchbruchs in Dresden, homogen in der expressiven Steigerung. Von „Hieroglyphen" und anderen Berliner Sprachverwirrungen ist noch nichts zu spüren, nur: „ganz naives reines Müssen".

Das Ölbild indes fällt Mitte der 1920er-Jahre der tatkräftigen Stilkritik des Künstlers zum Opfer. „Gründlich restauriert", wie nicht wenige Frühwerke, zeugt es heute vom „neuen Kirchner" nach dem Ersten Weltkrieg. Er aktualisiert sein Kunstwollen in mehreren Schüben, zwischen den Polen der Abstraktion und des „Naturalismus" der Neuen Sachlichkeit. Vom einen wie vom anderen hält er gar nichts. Der Maler komplettiert sich konventionell um Pinsel, Palette und Pfeife und macht aus dem nervösen Stoffmuster ein klassisches Streifendesign. Was das Bild an kraftvoller Offenherzigkeit und nervöser Spannung verliert, gewinnt es an Präzision und Dichte des farbigen Flächenaufbaus. Die Beimischung von Weiß erzeugt eine cremige Milde. Doch ganz ist der magisch leuchtende Ursprung nicht zu verhehlen.

SEITE 57
Selbstbildnis mit Modell, 1910/26
Öl auf Leinwand, 150,4 x 100 cm
Hamburger Kunsthalle

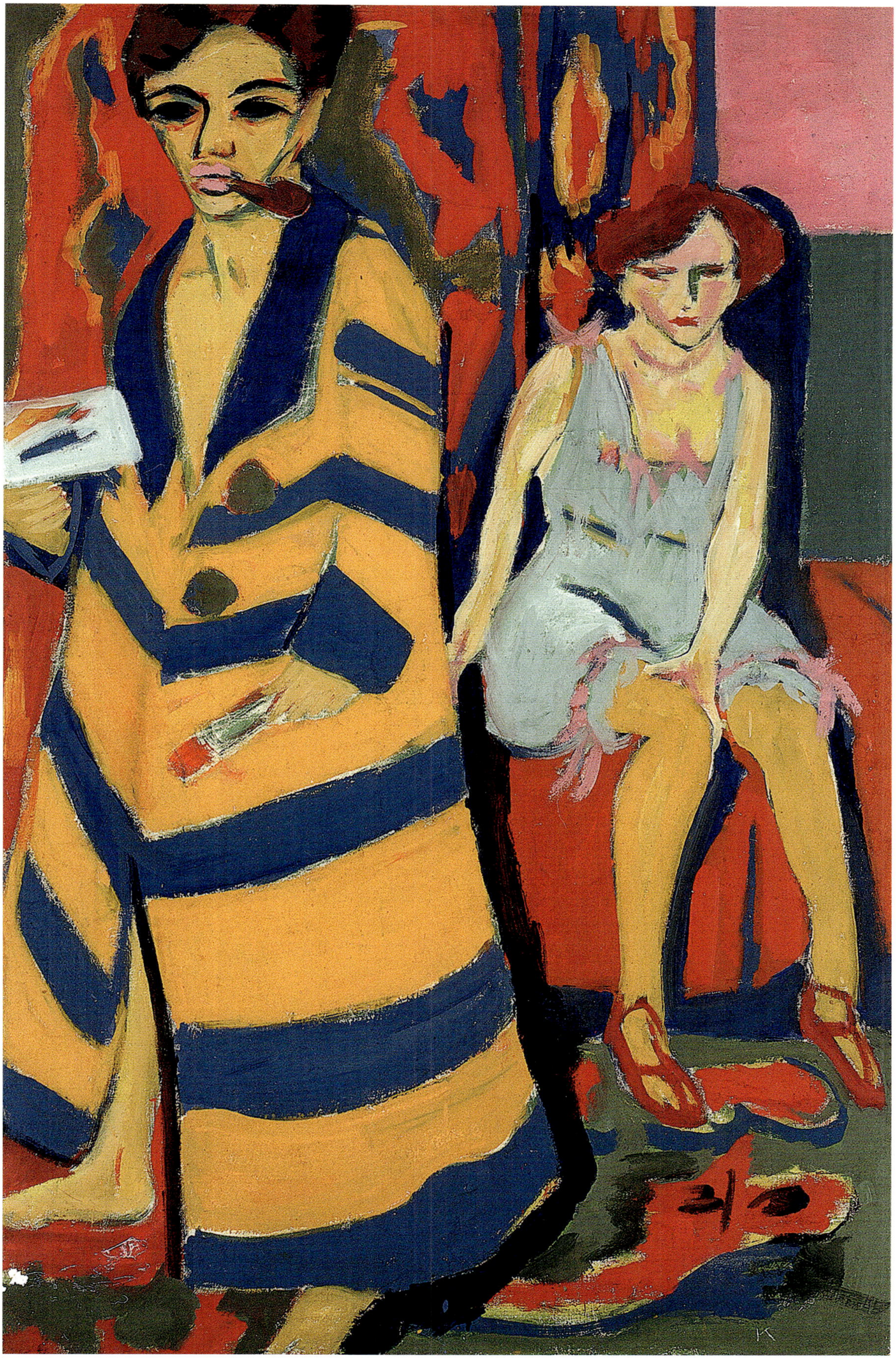

Ernst Ludwig Kirchner
Otto und Maschka Mueller im Atelier, 1911

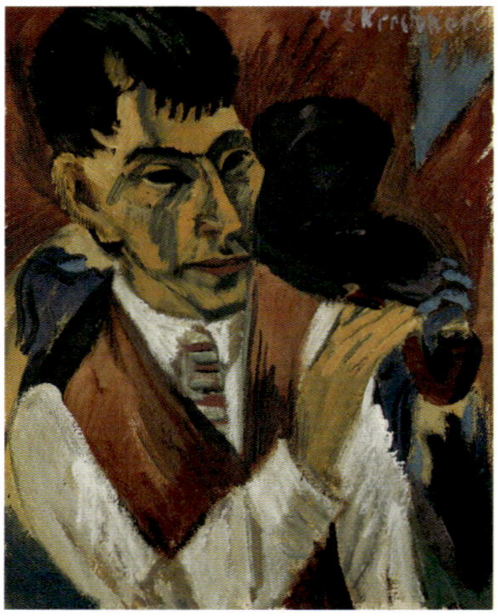

Otto Mueller mit Pfeife, 1913
Öl auf Leinwand,
60 x 50,6 cm
Berlin, Brücke Museum

„Die erste Begegnung mit Otto Muellers Bildern geschah in Berlin in der Ausstellung der ‚Zurückgewiesenen der Berliner Secession' im Frühjahr 1910", erinnert sich Heckel. „Mit ihm selbst noch am gleichen Tag in seinem Atelier in der Mommsenstraße. Für jeden von uns war sie (= die Begegnung mit ihm) bedeutsam und im fruchtbaren Moment, und es war selbstverständlich, dass er von nun an zur Gemeinschaft der Brücke gehörte." 1913 bilanziert Kirchner unisono: „Die sinnliche Harmonie seines Lebens mit dem Werk machte Mueller zu einem selbstverständlichen Mitglied von Brücke. Er brachte uns den Reiz der Leimfarbe."

Ein Jahr nach diesem schicksalhaften Zusammentreffen in der ersten Ausstellung der von Pechstein gegründeten „Neuen Secession" malt Kirchner den geschätzten Weggefährten mit seiner Frau Maschka in familiärer Eintracht. Schauplatz ist eben jene Atelierwohnung im Dachgeschoss der Mommsenstraße 60 in Berlin-Steglitz, die Otto Mueller seit 1908 bewohnt und im November 1911 Heckel und seiner Lebensgefährtin Sidi Riha überlassen wird. Mueller, der eigensinnige Außenseiter mit dem geheimnisvollen Lächeln, war sich zu Brücke-Zeiten nie ein Selbstporträt wert. „Er ist ein Träumer stets", berichtet Franz Marc an Wassily Kandinsky, „und hängt am Weibe." Keiner aber hat ihn so einfühlsam und prägnant beschrieben wie Kirchner: in Bildern der Sympathie und des Einklangs.

Das szenische Doppelporträt entsteht in einer biografischen und künstlerischen Umbruchphase. Es präsentiert sich ungewöhnlich ornamental und farbenfroh, ist zugleich aber auch von elementarer Strenge und neuem Formbewusstsein geprägt. Kirchner ist nicht nur auf dem Sprung von Dresden nach Berlin. Er ist auch auf der Suche nach „mehr Wärme und vollerer Form", nach einem „eigenen Stil" für das „große Bild". So entwickelt er sich zwischen zwei entscheidenden Einflussfeldern weiter. Einerseits wirken die aktuellsten Entwicklungen der französischen „Fauves" nach, vor allem Matisse, den er Anfang 1909 im Berliner Kunstsalon Cassirer sieht. Dann aber entdeckt er um 1910 ein Fachbuch über die indischen Wandmalereien des Ajanta-Tempels aus dem 5. bis 7. Jahrhundert. Die „monumentale Ruhe der Form" beeindruckt ihn zutiefst. Etwas Ähnliches erlebt er kurz darauf vor „Cranachs nackten Figuren"; eine Reproduktion der Frankfurter *Venus* (Abb. S. 21 oben) begeistert ihn in Muellers Atelier – „Sie sind ganz Fläche und doch absoluter Körper".

So wendet sich Kirchner 1911 von intarsienhafter Farbflächigkeit und einer Betonung der Zweidimensionalität des Bildes weg zu raumhaltigeren Formulierungen und einer voluminöseren Auffassung der Figur. Die neue Plastizität gewinnt er mit farbigen Randschraffuren, die er direkt aus seinen Ajanta-Kopien herleitet. Sie beginnen die schwarzen Umrisszeichnungen aufzulösen. Noch ist das frühe Berliner Freundschaftsbild geprägt von einer durch Matisse inspirierten Ornamentalität und beschwingter Kontur, die vor allem die schöne Maschka umfängt. Der dunkle Freund indes verkörpert in der malerisch nuancierten Tonigkeit seiner Erscheinung ein fortgeschrittenes Stilstadium. Stehend zündet er sich seine obligatorische Pfeife an und scheint mit energischer Wendung ins Profil die Intimität der Szene zu betonen.

Nach Muellers Tod im Jahr 1930 bekennt der mit allen entzweite Kirchner: „Ich habe ihn am liebsten gehabt von allen Künstlern, die ich kannte."

SEITE 59
Otto und Maschka Mueller im Atelier, 1911
Öl auf Leinwand, 72,4 x 60,9 cm
Richmond, Virginia Museum of Fine Arts, The Ludwig and Rosy Fischer Collection

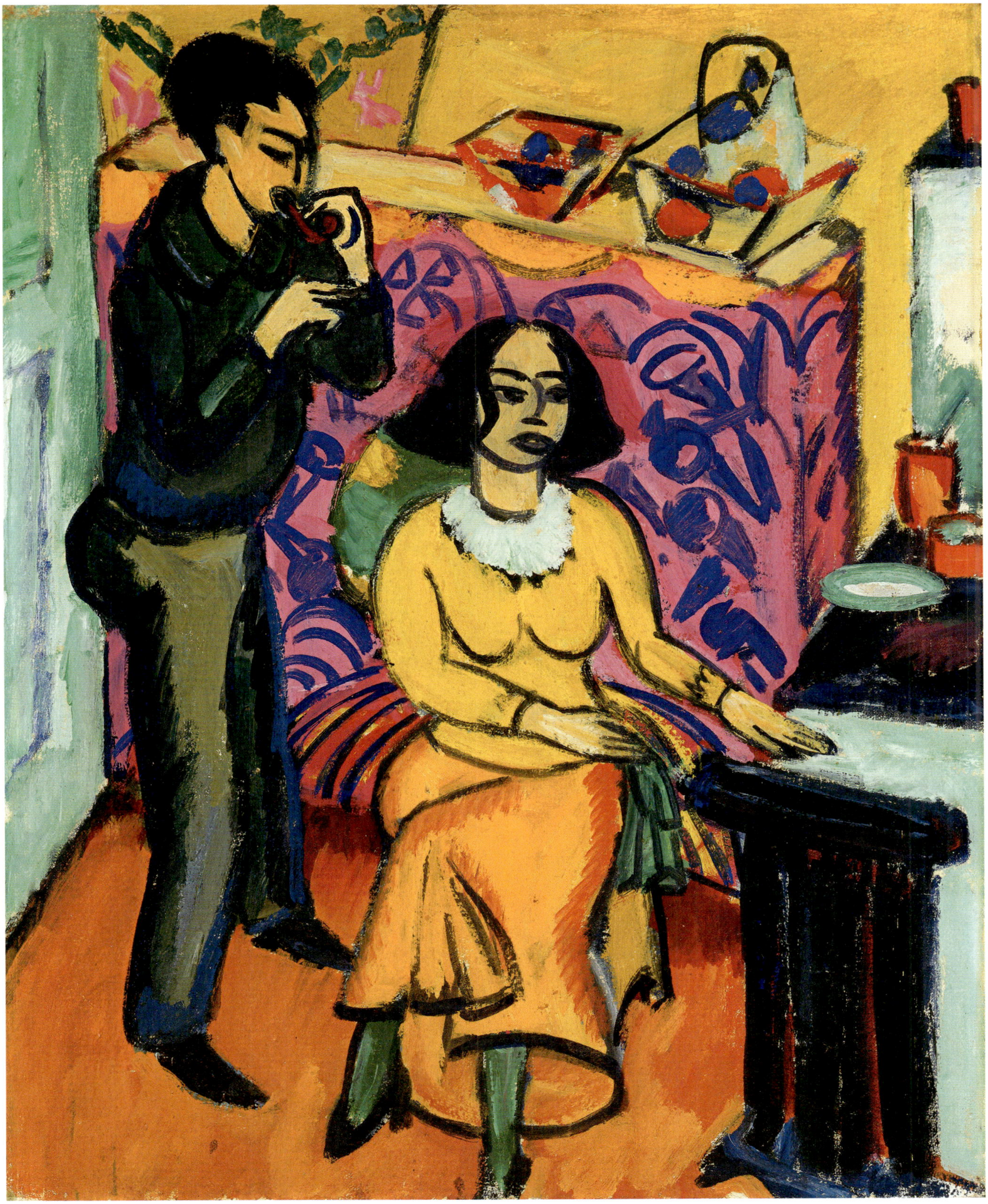

Ernst Ludwig Kirchner

Cirkus (Zirkusreiterin), 1912/13

„Ich liebe diese nackten Reiterinnen noch wie früher. Ich könnte einen Idealcircus ganz aus dem Kopfe malen."

— ERNST LUDWIG KIRCHNER, DAVOSER TAGEBUCH, 1925

„Zirkus" bleibt ein Zauberwort auch in Berlin. In atemberaubender Äquilibristik führt eine nackte Artistin den wilden Dressurakt im Rund der Manege vor, mit dem Marie Stosch-Sarrasani schon 1909 beim Gastspiel des berühmten Wanderzirkus in Dresden Furore gemacht hat. Kopfüber hängt sie – wie gehäutet – vom Rücken eines edlen Riesenpferdes: rauschhaft hingegeben oder auch hilflos ausgeliefert dem Augenblick des freien Schwebens. Im Wirbel der Geschwindigkeit verwischt die klare Sicht. Die dumpfe Menge in dicht gedrängten Reihen, drei rot befrackte Conferenciers am Bühneneingang, rücken gleichermaßen schemenhaft flirrend an den Rand. Beim fliegenden Kopfstand entgleiten Perspektiven und Proportionen. Eiserne Zeltmasten, samtenes Balustradenrund kippen nach außen. Die Arena verzerrt sich zum Oval und bricht rechts jäh ab. Kopf und Hand eines assistierenden Clowns flimmern kurz auf. Zwei Wimpel im grünlichen Sand fliegen vorbei. Alles dreht sich im Kreis. Nur im „Auge des Sturms" herrscht fast Stille – überraschend vertreten durch den rundkrempigen Federhut einer Dame, die unvermittelt vom unteren Bildrand her in kostbarem Raubtierpelz und affektierter Lorgnette in den Fokus des Betrachters ragt.

Keine Frage, mit sächsischer Gemütlichkeit selbst noch im exotischen und erotischen Schauspiel ist es jetzt vorbei. Kirchner stülpt die Leinwand um und beginnt von vorn. Auf der Rückseite findet sich ein unvollendetes Motiv aus Dresdener Tagen: *Akt auf Rollbett* von 1910. Drei Jahre später, im *Cirkus,* steuern Rasanz und Rhythmik nicht nur die Qualität der Wahrnehmung des Malers, sondern auch seine vibrierende Hand. Seismografisch zuckt der Pinsel über eine Grundierung in Ocker und hinterlässt in dünnflüssigen Ölfarben zarte Striche, energische Zackenlinien, lasierende Schraffuren – gezeichnete Spuren. Rot und Grün, Schwarz und Weiß – kraftvolle Kontraste in empfindlichsten Nuancierungen bestimmen den Eindruck. An jeder Stelle im Gemälde ist Zeichnung präsent. Medien und Methoden verschmelzen zu einem feinnervigen Stimmungs- und Ausdrucksgewebe. Farbschichtung und räumliche Brechung zeigen ein fortgeschrittenes Berliner Stilstadium. Der Maler suggeriert Tiefenausdehnung in extrem verkürzter Arena und konterkariert sie zugleich mit einer weitgehend frontalen Ansicht der Hauptfiguren. Beide Perspektiven treffen in der Gestalt des Pferdes zusammen, das zwischen Vorder- und Hintergrund, Zwei- und Dreidimensionalität oszilliert. Es ist nicht nur wortwörtlich Kraftquelle der rotierenden Bewegung der Szene, vielmehr wird es zum Dreh- und Angelpunkt der gesamten Bildkonstruktion. Nicht die Artistin, der Schimmel ist Protagonist. Seine alptraumhafte Größe, der räumliche Zwiespalt seiner Verschiebung sprengt jeden Rahmen.

Viel ist über dieses Bild gerätselt worden. Immer wieder ist auf die Motivnähe zu Seurats pointillistischen *Le cirque* von 1891 und die Geistesverwandtschaft mit Bildstrukturen Cézannes hingewiesen worden. Doch dieser Vergleich offenbart nur, wie schwer die expressionistische Steigerung in der eigensinnigen Diktion des Deutschen wiegt, die auch vom aktuellen Futurismus profitiert. Kirchner unterminiert die spielerische Leichtigkeit der neoimpressionistischen Zirkuswelt und lässt sie ein Jahr vor dem Ersten Weltkrieg abkippen ins Bodenlose. Sein Sinnbild verweist nicht nur auf das zweifelhafte „Zwangsritual des großstädtischen Vergnügens", es kündet auch von einer zwielichtigen Vorahnung kommenden Unheils.

Cirkus (Zirkusreiterin), 1912/13
Öl auf Leinwand, 120 x 100 cm
München, Pinakothek der Moderne

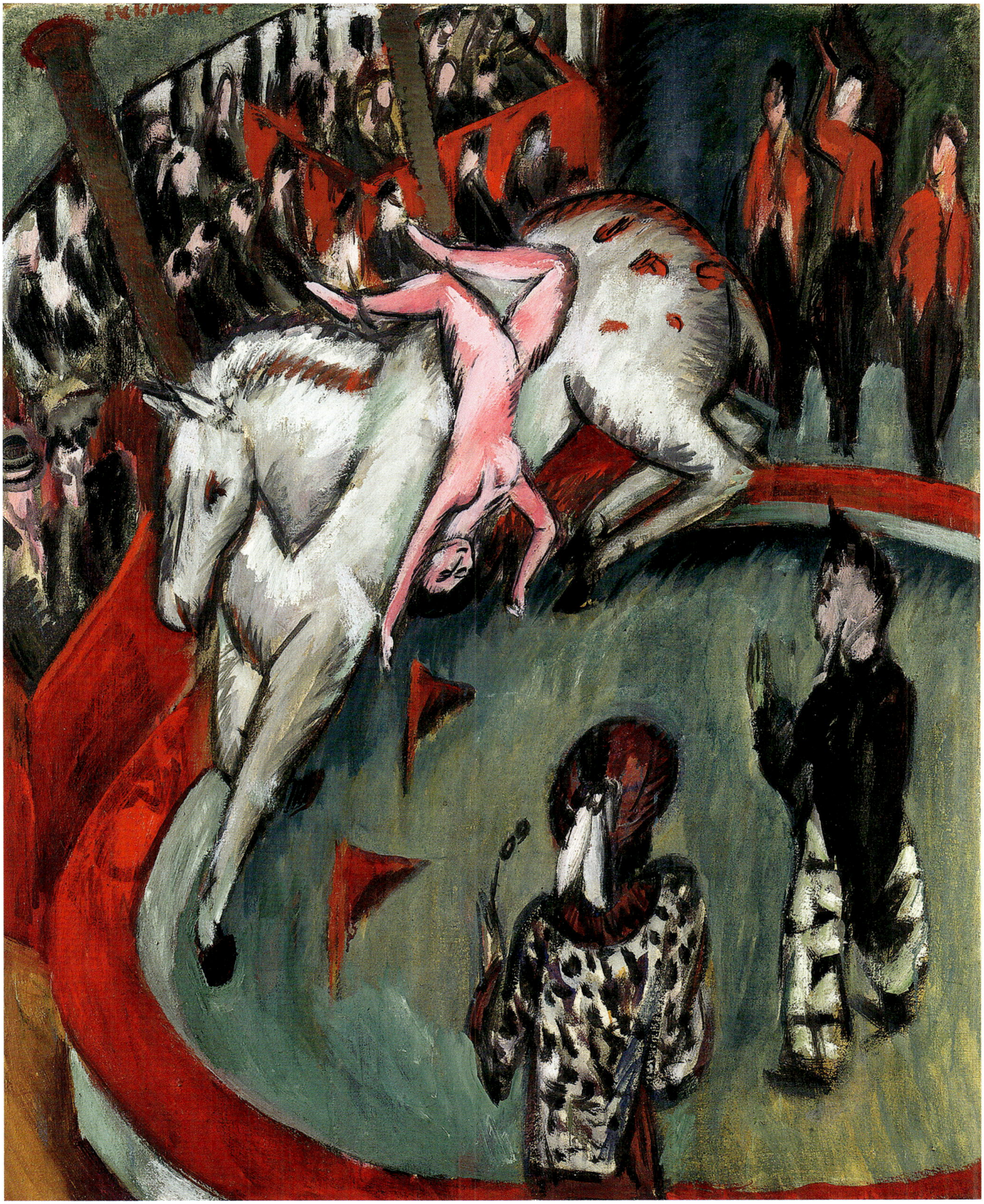

Ernst Ludwig Kirchner

Straße am Stadtpark Schöneberg, 1912/13

„Der Existenzkampf ist sehr hart hier, aber die Möglichkeiten auch größer."

— ERNST LUDWIG KIRCHNER
AN LUISE SCHIEFLER, NOVEMBER 1911

Berlin heißt Ende 1911 das Ziel der Brücke. Karriere und Kontakte – das lockt die sächsischen Freiluftartisten aus dem barocken Elb-Florenz in das imperial hochgerüstete Spree-Athen. Doch was sie da vor allem erleben, sind künstlerische Konkurrenz und soziale Kälte, gesellschaftliche Konflikte und persönliche Isolation. Die Hauptstadt des wirtschaftlich prosperierenden Wilhelminischen Kaiserreichs etabliert sich seit Anfang des Jahrhunderts als Kunststadt gegen München. Hier konzentrieren sich neben den bedeutendsten Künstlern der Zeit, Kunsthandel und Verlagswesen, literarischer Expressionismus und europäische Avantgarde. In Berlin wird der Kampf um die moderne Kunst in Deutschland ausgefochten. Die Brücke, seit 1910 programmatischer Kern der Künstlervereinigung Neue Secession, kommuniziert mit dem werdenden Blauen Reiter in München, dem Sonderbund in Köln, Herwarth Waldens Zeitschrift *Der Sturm*, expressionistischen Dichterzirkeln. Doch die Metropole zerreibt den Bund. Bald schon geht jeder seiner eigenen Wege; im Mai 1913 setzen sie den Schlusspunkt unter die Chronik ihrer singulären Gemeinschaft.

Berlins Zentrifugalkraft ist bereits in Kirchners ersten „Straßenbildern" zu spüren. Mit reinen Stadtansichten beginnt er 1912 das Zentrum seines Berliner Werks zu umkreisen, das 1913/14 eine großartige Kokottengalerie besetzen wird (Abb. S. 67, 69). In diesem Kirchner findet der Berliner Großstadt-Expressionismus seinen Meister.

Doch zunächst sind es melancholische Straßen und Plätze, banale Gleisanlagen und Kanalansichten, die ihn animieren. Der Himmel über Berlin indes ist weiter gespannt – und bleiern. In fast menschenleeren Stadtlandschaften stellt der Maler, wie mit dem Weitwinkelobjektiv, Großstadt als eigene Natur vor. Die Figur tritt als Staffage auf, ist zeichenhaftes Kürzel, „persönliche Signatur" des Künstlers. Geheimnisvoll und ephemer hasten die Schemen durch einen irrealen Riesenraum zerspringender Perspektiven – Sinnbild der „transzendentalen Obdachlosigkeit" in der Moderne. Kirchner psychologisiert nicht das Menschenbild, sondern die Innensicht einer Metropole.

In der monumentalsten dieser frühen Berliner Stadtlandschaften flieht eine Straßenkreuzung in Schöneberg nach allen Richtungen, vor allem geradewegs in die violette Ferne. Was sie zurücklässt, ist Leere. In der Mitte des Bildes scheint sich die atmosphärische Kühle des fein nuancierten weißblauen Farbklangs als leichte Schneeverwehung auszukristallisieren. Ein dünnflüssiges Grau schrägt sich in rasch hingestrichenen Pinselspuren über den Grund. Aus dem gleichen Material schieben monumentale Wohnhäuser ein dunkles Firmament in die Höhe. Das lose Grün der Parkecke erhebt dagegen kaum Protest. Im Fluchtpunkt über einer winzigen Eisenbahnbrücke verweht ungerührt der Wasserdampf einer Lokomotive. Am Ausgangspunkt der dynamischen Zentralachse aber, über die im Gegenzug der Betrachterblick hinwegfegt wie ein Windstoß, geht eine schwarze Frauengestalt als einsame Vorbotin der Kommenden. In dieser Figur im alles verschlingenden Raum verkörpert sich der zentrale Ort von Angst, Einsamkeit und Melancholie, die Quelle modernen Lebensgefühls. Hier werden die elementaren Wirkungsgesetze des Bildes auf den Punkt gebracht. Kirchner, der Architekt, beschreibt seinem Sammler Carl Hagemann das Gemälde so: „Es beschäftigt sich viel mit den Problemen von der Tiefenwirkung in der Fläche. Ich versuchte darin die perspektivische Plastik durch eine Perspektive mit 4 Augenpunkten aufzuheben."

Straße am Stadtpark Schöneberg, 1912/13
Öl auf Leinwand, 121 x 150,8 cm
Milwaukee Art Museum,
Gift of Mrs. Harry Lynde Bradley

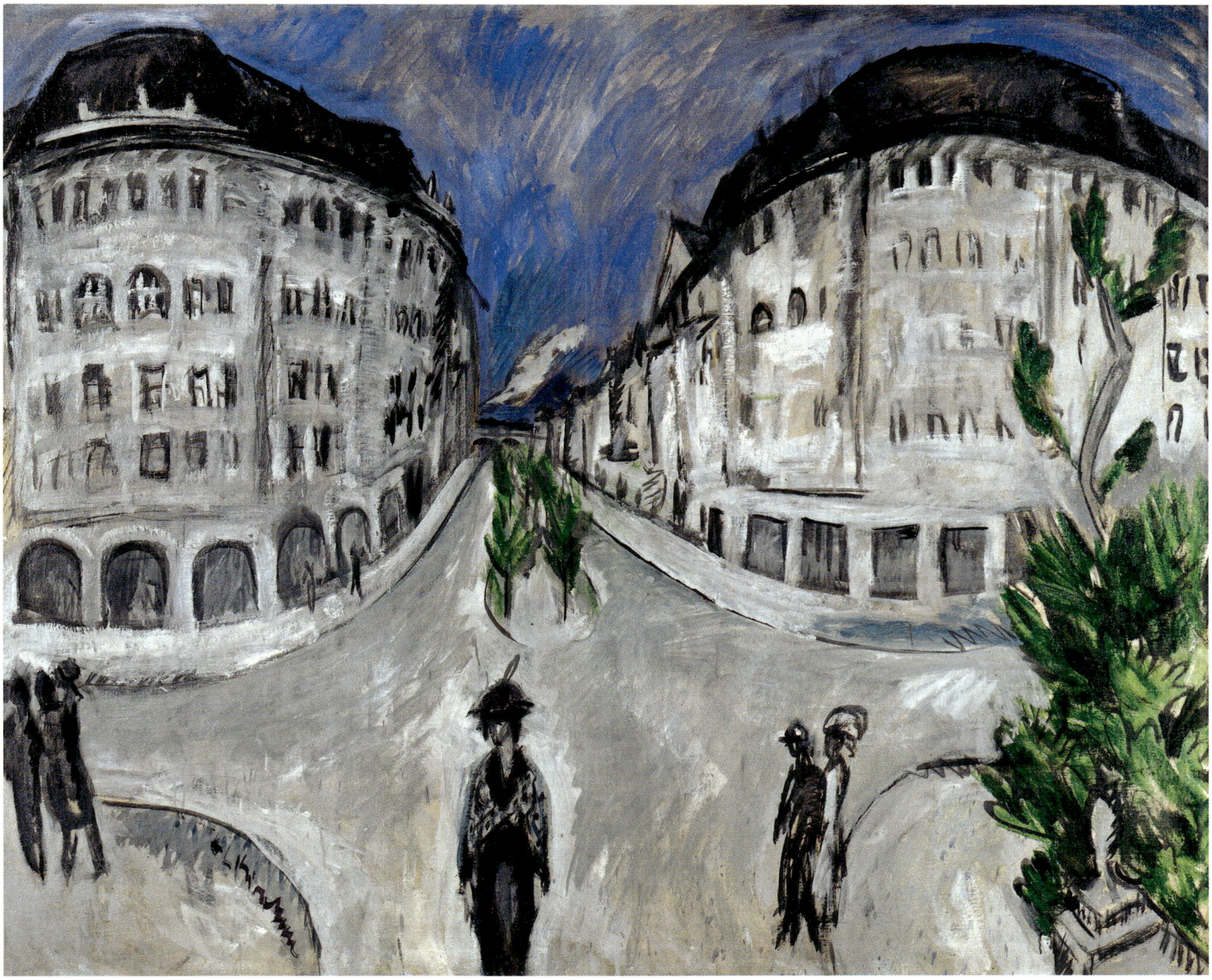

Ernst Ludwig Kirchner

Erich Heckel und Otto Mueller beim Schach, 1913

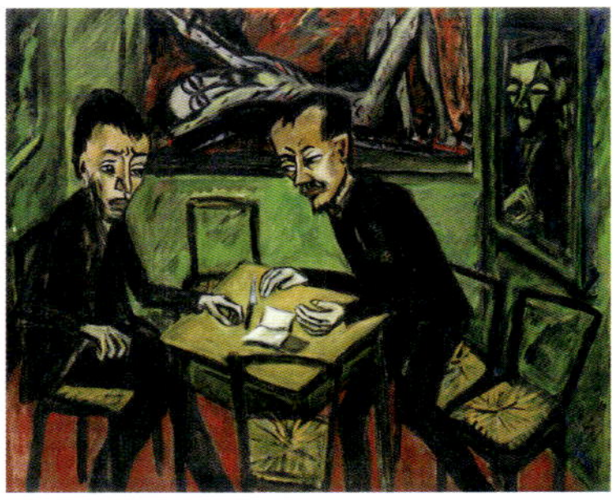

Erich Heckel
Zwei Männer am Tisch, 1912
Öl auf Leinwand, 97 x 120 cm
Hamburger Kunsthalle

Ganz privat, doch seismografisch genau bezeugt das kleinformatige Freundschaftsbild die Dialektik des Lebens in einem prekären Moment der Entscheidung. Die Dresdener BRÜCKE bricht in Berlin auseinander. Im Mai 1913 verkündet die Künstlergruppe offiziell ihre Auflösung. Damit endet eine der dauerhaftesten und produktivsten künstlerischen Arbeitsgemeinschaften im 20. Jahrhundert. Doch davon schweigt der Maler, keineswegs schuldlos an dieser Entwicklung, verständlicherweise. Vielmehr beschwört er das, was längst schon keine Wirklichkeit mehr ist, aber als heilloser Verlust empfunden wird, der einen Phantomschmerz erzeugt: eben jene außergewöhnliche Konkordanz im Kreativen und Menschlichen, die die Brücke in Dresden ausgezeichnet hat. Dieser Geist der Gemeinsamkeit lässt sich in der Metropole – trotz aller Bemühungen im „vollendeten harmonischen Raum der Berliner Ateliers" – nicht aufrechterhalten.

Zwei Männer beim Schach, die besten Brücke-Freunde Kirchners, hochkonzentriert und schweigend, mit angezogenen Knien um die Raute des Spielbretts gruppiert, dessen Ecken sich in die Bäuche der Gegenspieler zu bohren scheinen. Mueller sitzt mit angespanntem Rücken zum Maler, Heckel zieht unter hoher Stirn an einem Zigarillo. Die Gefährtin hingegen liegt nackt und lässig ausgestreckt in Gegenrichtung auf dem Kanapee. Im Zentrum, als Dreh- und Angelpunkt der Szene, beherrscht eine gelbe Lampe das hellblau verschattete, kubistische Stillleben auf dem winklig in die Fläche gekippten Tisch. Im flamboyanten Stil der gelb-schwarzen Zackenmuster des selbst gestalteten Teppichs hallt geistige Anspannung wider. Das ärmliche Dachbodenquartier wirkt wie abgedichtet gegen den Rest der Welt – ein Refugium, Ort poetischer Verdichtung. Im milden Goldton schwingt Erinnerung an den Gleichklang vergangener Tage. Der Betrachter gewinnt aus sicherer Distanz einen Überblick über die Stimmung des Szenariums zwischen Bürgerlichkeit und Boheme. Interieur und Figuren wirken in der Aufsicht wie fern gerückt, als würden sie bereits einer unwiederbringlichen Vergangenheit angehören.

„… kein bewusstes Epater le Bourgeois, sondern das ganz naive reine Müssen, Kunst und Leben in Harmonie zu bringen."
— ERNST LUDWIG KIRCHNER, DAVOSER TAGEBUCH, 1925

Das Bild fasst die Basiselemente der Berliner Stilwende Kirchners zusammen, die sich 1911/12 in einem brillanten Qualitätssprung vollzogen hat und als Paradebeispiel der Zersplitterung des kollektiven Brücke-Expressionismus gelten kann. Aus flüssig homogener Farbflächenmalerei in schwungvoll souveränen Konturen hat sich eine nervös schraffierende, winklige Pinselschrift von hektischer Schärfe und Dynamik gelöst. Die fröhlichen Komplementärkontraste sind einer gedämpften, reich nuancierten Tonigkeit gewichen. Die Welt erschließt sich nicht mehr von einem fixen Standpunkt aus. Vielmehr bringen mehrere bewegliche Blickwinkel Raum und Figur in Unordnung und konterkarieren des Betrachters Erwartung an eine klassische Einheit von Ort und Handlung. Die Stimmung ist nicht besser als die Lage. Mit Sinn für die Dialektik der Kunst könnten die zwei Männer beim Schach fast als versöhnende Antwort auf Heckels autobiografische Dostojewski-Interpretation *Zwei Männer am Tisch* – mit Künstler und Kirchner – gelesen werden. 1912 liegt nicht ein Schachbrett, sondern das Messer zwischen den Malern, statt des ausgestreckten Aktes im Hintergrund mahnt das Martyrium Christi zur Umkehr – vergeblich.

SEITE 65
Erich Heckel und Otto Mueller beim Schach, 1913
Öl auf Leinwand, 35,5 x 40,3 cm
Paris, Centre Pompidou,
Musée National d'Art Moderne

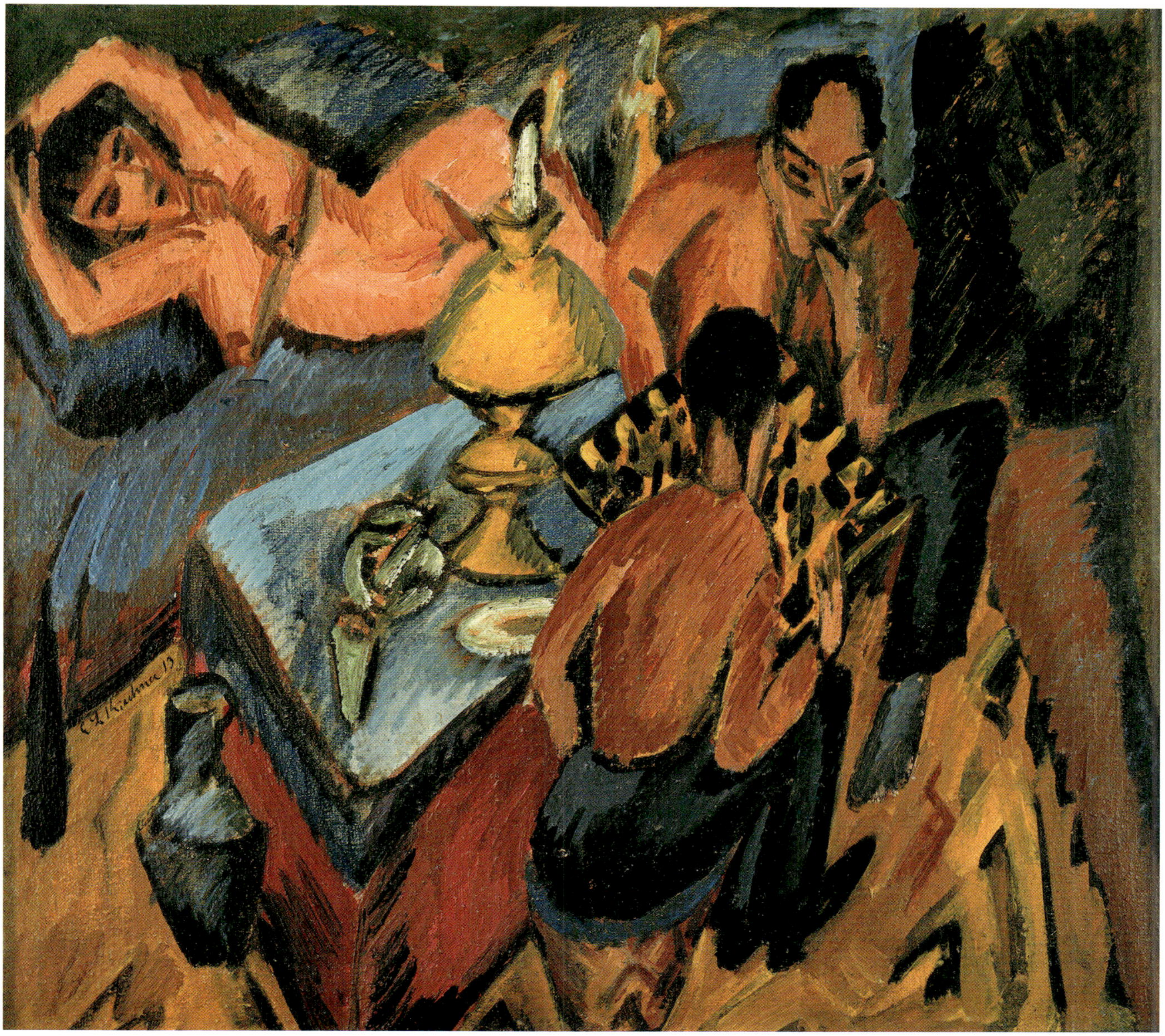

Ernst Ludwig Kirchner

Berliner Straßenszene, 1913

„Die Gefahr der Deutschen steckt im Kopf und nicht in den Händen.“

— ERNST LUDWIG KIRCHNER, DAVOSER TAGEBUCH, 1919

Im August 2006 gibt der Kultursenator Berlins überraschend die Rückgabe der *Berliner Straßenszene* Kirchners – 1980 vom Land Berlin für umgerechnet 800 000 Euro erworben und seitdem im Brücke Museum beheimatet – an die in den USA lebenden Erben des jüdischen Kunstsammlers Alfred Hess bekannt; dessen Witwe hatte das Gemälde 1936 unter dem Druck der nationalsozialistischen Diktatur an einen Kirchner-Freund verkauft. Daraufhin entbrennt eine heftige öffentliche Debatte über die international vereinbarte Restitution von Kunstwerken, die während der NS-Zeit beschlagnahmt oder zwangsveräußert wurden. Zusätzlichen Zündstoff liefert die unverzügliche Versteigerung des Gemäldes Ende 2006 in New York für rund 30 Millionen Euro. Das will ein Münchener Rechtsanwalt durch Strafanzeige gegen den Berliner Regierenden Bürgermeister wegen Verdachts der Untreue – das heißt in diesem Fall wegen der unrechtmäßigen Einstufung des Bildes als „Raubgut“ der Nazis – in letzter Minute verhindern. Dem Kultursenator wird durch politische Gegner „vorauseilender Gehorsam“ und die Förderung eines „latenten Antisemitismus“ vorgeworfen. Dies ruft wiederum die scharfe Kritik des Zentralrats der Juden in Deutschland hervor, der das Recht auf Wiedergutmachung fordert. So rückt eines der wesentlichen Bilder des deutschen Expressionismus – nach dessen prinzipieller Diffamierung als „entartet“ durch die mörderische NS-Ideologie – wieder in den Brennpunkt des Spannungsfeldes von Kunst und Politik.

Kirchner erreicht in seinen Berliner „Straßenbildern“ mit der zentralen Figur der Kokotte – wie die von Argusaugen der Sittenpolizei umstellte Prostituierte in Berlin heißt – den Gipfelpunkt seiner Schöpferkraft. Die Werkgruppe entsteht von Herbst 1913 bis in das Jahr 1915 hinein, vor allem aber im ersten Halbjahr 1914. In einer völlig neuen Bildprogrammatik sucht sich seine Hassliebe zu Berlin ihren vollendet ambivalenten Ausdruck. Keine vordergründige Gesellschaftskritik, vielmehr präzis beobachtende Indifferenz – verführt vom eigenen faszinierten Zwiespalt zwischen Anziehung und Abgestoßensein – pulsiert durch diese nächtlichen Szenarien der Berliner Halbwelt. Im grell flackernden Gaslicht der Geschäftsstraßen und Hauptplätze, umrauscht von Flaneuren, Freiern und Verkehr, hat die Kokotte paarweise oder in Gruppen ihren exaltierten Auftritt. Exotischen Nachtvögeln gleich, bleich geschminkten Angesichts, getarnt unter fantastischen Federhüten und in hochgeschlossenen Mänteln mit ausladenden Krägen, ziehen die Frauen Blicke und Begehren auf sich. Kirchner ist dem Vibrato dieser Sekundenbegegnungen im Vorübergehen auf der Spur. Dabei hilft ihm die Auseinandersetzung mit den Wirkungsstrategien des italienischen Futurismus und der Ausdrucksgewalt der expressionistischen Großstadtliteratur.

Die *Berliner Straßenszene* gehört zu den ersten Gemälden dieser Thematik. Im Zentrum rotiert ein steif aufragendes Quartett von Kokotten und Kunden im „Rombus der Köpfe“. „So wird aus geometrischer Grundform Leben und Bewegung“, schreibt der Maler. „Es ist dabei bei aller Strenge der Composition doch keinerlei Vergewaltigung des Gegenstandes da.“ Die Figuren sind eingespannt in ein dynamisches Schraffursystem und intensive Farbkontraste. Im Hintergrund zackt eine Pferdedroschke an Schemen von Passanten und Fassaden vorbei. Wie ein Feuerwerk steigen die Federn als Attribute käuflicher Liebe über den Köpfen der Szene auf. Die Entfremdung des Menschen vom Menschen löst sich im rhythmisierten Gegensatz der Geschlechter auf – und wird zum Sinnbild.

Berliner Straßenszene, 1913
Öl auf Leinwand, 121 x 95 cm
New York, Neue Galerie

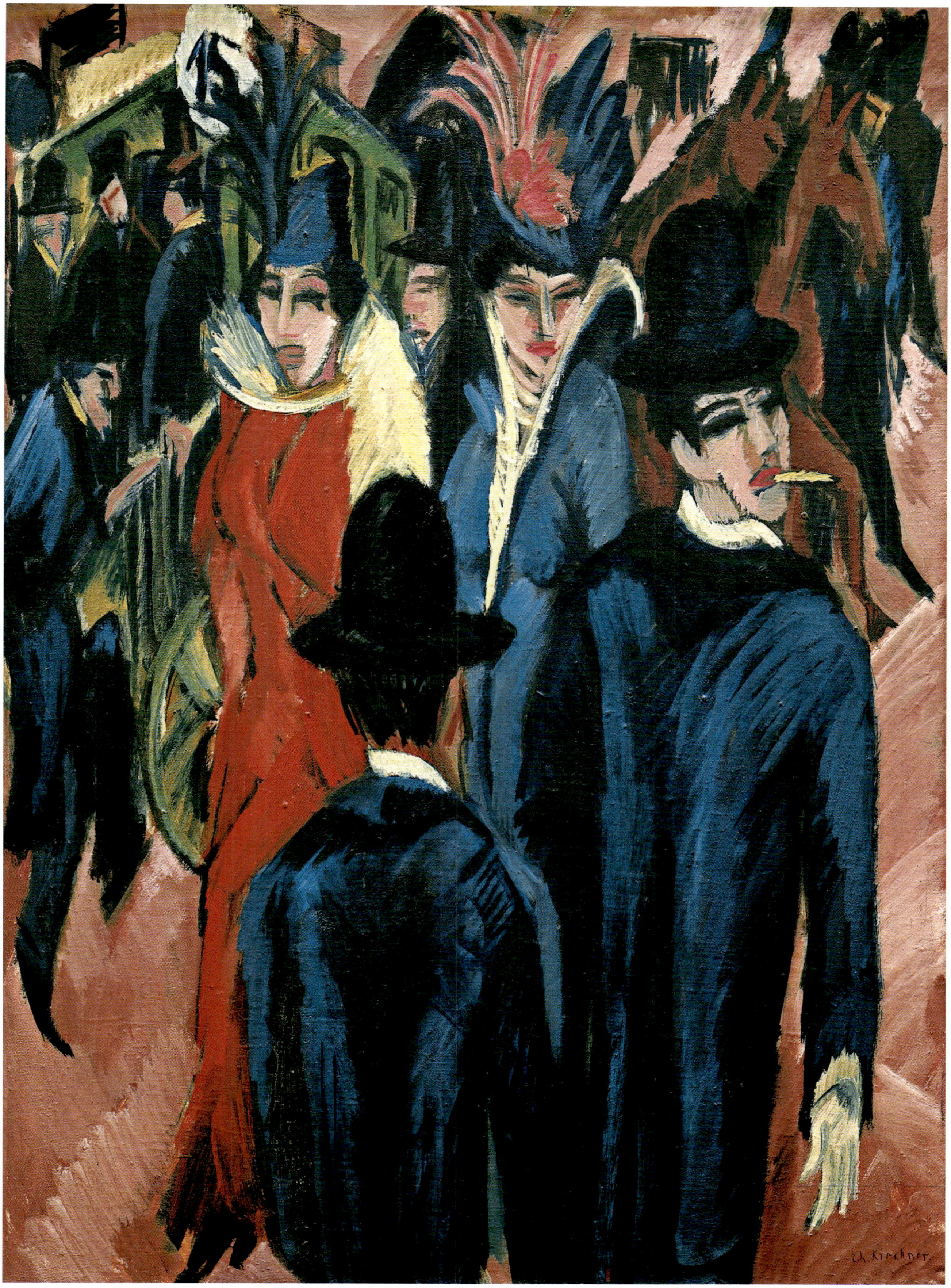
E.L. Kirchner

Ernst Ludwig Kirchner

Potsdamer Platz, 1914

„Wort Nietzsches: Nicht fort sollt ihr euch pflanzen, sondern hinauf.“

— ERNST LUDWIG KIRCHNER IM AUSSTELLUNGSKATALOG BERN, 1933

Zwei Kokotten treffen mitten in Berlin beiläufig aufeinander – und formen den Zenit des Großstadt-Expressionismus. Auf der Drehscheibe des Potsdamer Platzes, der als verkehrsreichster Ort Europas gilt, streben sie im kalten Licht der Nacht rechtwinklig aneinander vorüber. Lebensgroß und extravagant, erheben sie sich – säulengleich erstarrt – auf einem seltsamen Postament. Die Blaue trägt den obligatorischen Federhut frontal zur Schau, die andere in scharfem Profil einen schwarzen Schleier zum Schutz und in beziehungsreicher Anspielung, die künftig auch Kriegswitwen „auszeichnen“ wird. Grün fluten Straßenzüge vorbei. Weit abgedrängt schreiten anonyme Freier scharf begehrlich aus. Analog spitz stößt ein Trottoir nach vorn; darin ist phallische Dynamik in Richtung Verkehrsinsel als Vagina-Symbol gelesen worden. Im Hintergrund ragt links das Café Piccadilly, daneben lachsrot leuchtend der Potsdamer Bahnhof in die Nacht. Dreifach öffnet sich sein Schlund unter einer runden Uhr auf den Platz.

In diesem Schlüsselbild Kirchners, dem größten seiner Werkgruppe der „Straßenszenen“, erobern Zickzack-Konturen und splitternde Schraffuren das gesamte Szenarium. Sie fächern Formen und Figuren vollständig auf. Als Denkmal des Großstadt-Sexus positioniert der Maler das bedeutungsperspektivisch überhöhte Kokottenpaar, einsam distanziert, ins leicht nach links verschobene Epizentrum einer staccatoartig strudelnden Bewegung – und formuliert ohne kritische Tendenz ein Sinnbild der „entseelten Realität“ des Schriftstellers Alfred Döblin. „Die Straße wird zum Spiegelbild der menschlichen Psyche“ (Magdalena M. Möller).

„Nervenkunst“, nicht Weltangst treibt Kirchner am Vorabend des Ersten Weltkriegs im Frühjahr 1914 um. In den Straßenbildern kommt sein künstlerisches Denken ganz zu sich. Sie entstehen, nach Auflösung der Brücke, „in einer der einsamsten Zeiten meines Lebens, in der mich eine qualvolle Unruhe Tag und Nacht immer wieder hinaustrieb, in die langen Straßen voller Menschen und Wagen“. Hier zeichnet Kirchner – „in der Ekstase des ersten Sehens“ – „bis zur Raserei“. Im Atelier destilliert er diese „gegenstandslosen Hieroglyphen“ zum gültigen expressionistischen Großstadtbild. Dessen ambivalente Aussage resultiert nicht aus dem gegenwartsnahen Motiv, sondern direkt aus der Struktur der Bilder, der elementaren Wirkung ihrer hypernervösen Zersplitterungen, monströsen Verzerrungen und aggressiven Spannungskräfte.

Für den Künstler stellt sich „das Gefühl, was über einer Stadt liegt“ dar in den „Kraftlinien“ psychischer Bewegungen, „in der Art, wie sich die Menschen im Gedränge komponieren“. Die seismografisch vibrierende Niederschrift dieses geistig-sinnlichen Eindrucks liefert ihm die Ausdrucks-„Hieroglyphe“: „nicht der wirkliche oder scheinbare Umriss der Realität“, vielmehr „eine Neuform der persönlichen Phantasie“. Mit dieser ureigenen „Erfindung“ eines „wichtigen Ausdrucksmittels“ der Moderne sieht sich Kirchner gleichberechtigt neben Seurats „Zerteilung der Farbe“ und Cézannes „Zylinder-, Kegel-, Kugelsystem“. In der „bewussten Formung der Hieroglyphe“ kommt er seinem Ziel auf die Spur: der „Umgestaltung der Naturform in eine Kunstform“. Im monumentalen Gemälde *Potsdamer Platz* bringt Kirchner seinen neuen „Begriff der Schönheit“ auf den Punkt.

Potsdamer Platz, 1914
Öl auf Leinwand, 200 x 150 cm
Berlin, Staatliche Museen zu Berlin, Nationalgalerie

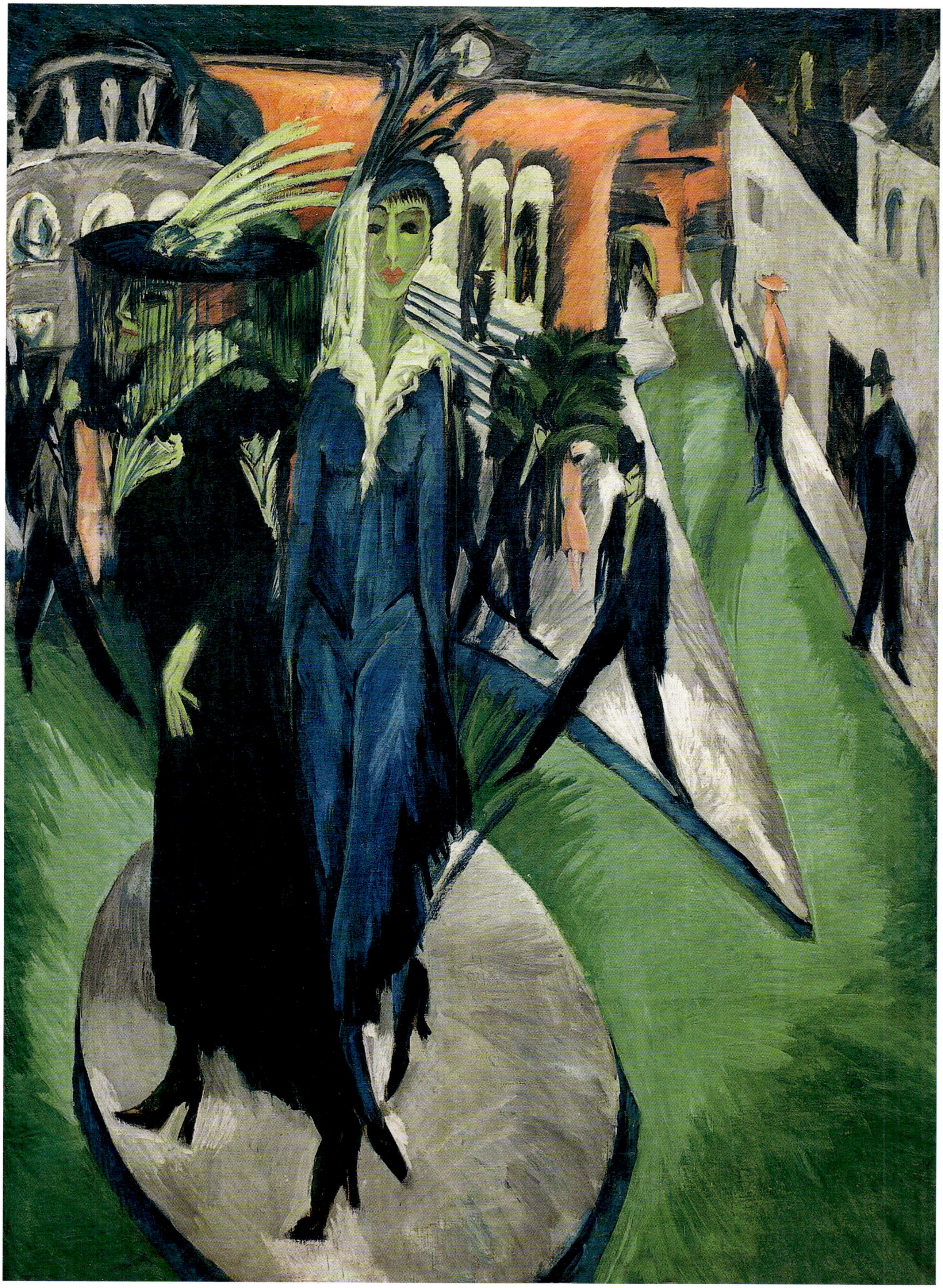

Ernst Ludwig Kirchner

Selbstbildnis als Soldat, 1915

„Wie die Kokotten, die ich malte, ist man jetzt selbst … hingewischt, beim nächsten Male weg.“

— ERNST LUDWIG KIRCHNER AN GUSTAV SCHIEFLER, MÄRZ 1916

Kirchner – knapp 35 Jahre alt und angesichts des Weltkriegs in tiefem Zwiespalt zwischen Euphorie und Todesangst – meldet sich im April 1915 freiwillig zum Militärdienst in der zweifelhaften Hoffnung, die Waffengattung wählen zu können. „Ich bin bei der Musterung zur Feldartillerie gekommen, eine schöne, mir interessante Waffe.“ Im Juli folgt die ernüchternde Einberufung als Rekrut in die Ersatzabteilung des berittenen Mansfelder Feldartillerieregiments 75 in Halle. Sein über Jahre durch Entbehrung und Alkohol geschwächter Körper ist dem Militäralltag nicht gewachsen. Erzwungene Disziplin und soldatischer Drill, die Beschränkung der persönlichen Freiheit und Angst vor dem Fronteinsatz führen auf direktem Weg in die seelische Krise. „Eines Morgens erschien auf dem Reitplatz ein Soldat, dem man von weitem ansah, dass man ihn nie in eine Uniform hätte stecken sollen“, erinnert sich der ausbildende Oberleutnant Hans Fehr, passives Mitglied der Brücke, dem Kirchner mit zusammengeschlagenen Hacken anvertraut: „Aber ich werde nie ein guter Krieger werden. Ich weiß, wenn ich an die Front komme, werde ich sofort totgeschossen.“

Als Sinnbild dieser todähnlichen Entrücktheit aus der lebensnotwendigen Kunstwelt entsteht in dieser Zeit das *Selbstbildnis als Soldat.* Kirchner malt es während eines Kurzurlaubs in Berlin. Zugleich fotografiert er sich im Atelier mehrfach mit Pickelhaube. Im Unterschied zur selbstbewussten Pose vor der Kamera, sitzt der Maler in korrekter Feldartillerieuniform distanzlos an den vorderen Bildrand gerückt, um den Betrachter unverhohlen erschreckend mit seinen Ängsten zu konfrontieren. Ein Ausweichen ist nicht möglich. Die rechte Malerhand – „Werkzeug“ des Künstlers – ragt als roher Stumpf ins Bild, ein Schock: kein Kriegseffekt, vielmehr Selbstverletzung. Die andere, in hilflos paralleler Geste wie um Gnade bittend, hält den Pinsel. In der erstarrten Gesichtsmaske ragt eine tote Zigarette aus aufgeschminkten Lippen, durch Augenspalten geht ein blinder Blick. Eine hart trennende Kontur macht diese hölzerne Leidensfigur seltsam unerreichbar für die Schimäre des obligatorischen Atelierakts vor schwarzer Folie, die den Rest des Raums ausblendet. Hier springt definitiv kein erotischer Funke vom Modell zum Maler über und stimuliert dessen Kreativität; ein Austausch zwischen den Geschlechtern scheint nicht mehr möglich. Zur Verlustangst des Künstlers tritt jene des Mannes vor sexueller Impotenz.

Aber auch das fotografierte Selbstbildnis erweist sich, ungewollt, als Zeugnis halluzinatorischer Ängste. „Vom Blitzlicht übergrellt, wirkt der Raum wie nach einer Detonation, und Kirchner scheint zu einer surrealen Figur erstarrt“ (Karlheinz Gabler). In einer parallel entstehenden Holzschnittfolge zu Adelbert von Chamissos *Peter Schlemihls wundersame Geschichte* deutet der Künstler sich selbst als „Verfolgungswahnsinnigen“. Solange der Krieg andauert, lässt ihn „die quälende Angst nicht los, noch einmal als Soldat eingezogen zu werden. Tag und Nacht hatte ich solche Angstvorstellungen.“ Kirchner zerbricht nicht am Weltkrieg, den er – alsbald aus Sanatorien entlassen wegen Drogenabhängigkeit und akuter Nervenkrise – nie aktiv erleben wird, sondern an sich selbst. Auf der Suche „nach einer Formen-Sprache, die das Seelische eines Menschen wiederzugeben imstande wäre“, setzt er mit dem *Selbstbildnis als Soldat* einen Schlusspunkt unter sein expressionistisches Werk.

Selbstbildnis als Soldat, 1915
Öl auf Leinwand, 69 x 61 cm
Oberlin, Allen Memorial Art Museum, Charles F. Olney Fund

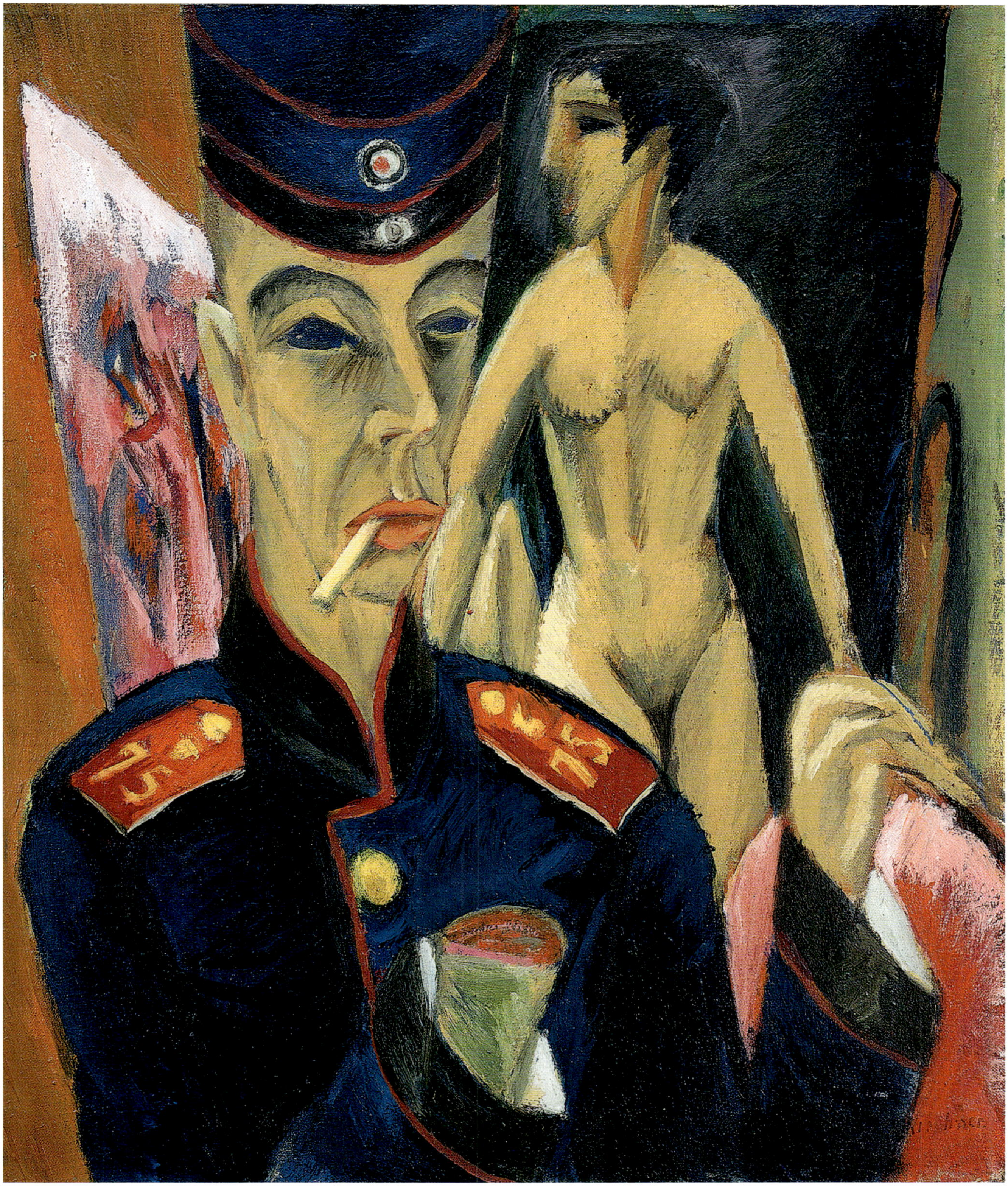

Otto Mueller

Drei Akte unter dem Baum, um 1913

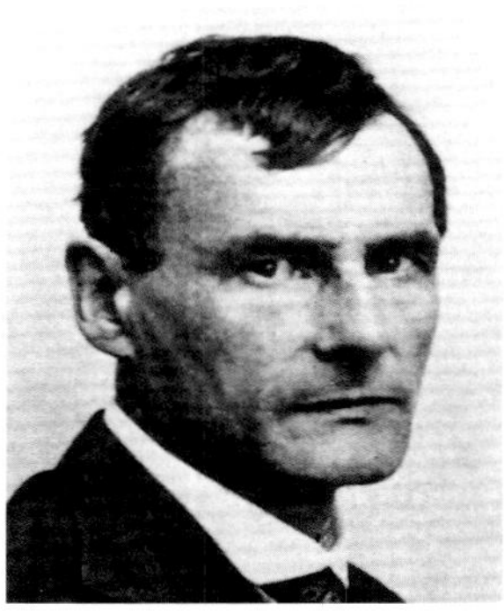

* 1874 in Liebau
† 1930 in Breslau

„Ich kann nur malen, was ich liebe."
— OTTO MUELLER

Junge Frauen und stille Landschaften, sie liebte Otto Mueller – und sonst gar nichts. Sein Werk ist ein einziger Hymnus auf die Liebe zum Menschen und zur Malerei. Er selbst zog sich fast ganz hinter diese leidenschaftlich scheue Hingabe zurück. Auf die Brücke, die ihn 1910 begeistert aufnimmt, wirkt der schweigsame Schlesier wie die ideale Verkörperung der proklamierten Einheit von Kunst und Leben. In seiner Existenz sehen die um ein Jahrzehnt jüngeren sächsischen Revolutionäre „Kunst als Lebensentwurf" tatsächlich verwirklicht. Im Gegenzug wird für Mueller das Erlebnis der Geistesgemeinschaft zum Impuls für die volle Entfaltung seiner künstlerischen Individualität. Es straffen sich die Umrisse seiner Akte und Landschaften. Ein eleganter Wohlklang verliert sich zugunsten entschiedener Herbheit. Das Bild unterwirft sich einer umfassenden Flächenordnung; Farbe wird Ausdrucksträger. Sein reifes und spätes Werk ist von einer seltenen Homogenität geprägt. Kaum bewegt von Entwicklungen oder gar Umschwüngen in Stil oder Sujet, belebt es sich erst in den späten 1920er-Jahren, als Mueller auf Reisen nach Südosteuropa unter Zigeunern zu seinem unterschwellig schon längst erfühlten Lebensthema findet.

Muellers Badeszene entsteht wahrscheinlich im letzten Jahr der Brücke, vielleicht während eines Ferienbesuchs bei Kirchner auf der Ostseeinsel Fehmarn. Sein Personalstil ist voll entfaltet. Drei ephebenhafte Mädchenakte, bindungs- und gesichtslos, verkörpern das unbeirrte Frauenideal des Malers. Ihre markant konturierten, hellen Körper in verschiedenen Attitüden und räumlich versetzter Position umschreiben im variantenreichen Grün der Landschaft ein imaginäres Zentrum, aus dem ein Baum aufschießt. Türkisfarben leuchtet Meer oder See im Hintergrund, der eigentlich nur die obere Bildhälfte ist. Denn die Malerei entfaltet kaum Tiefe. Farbflecken wuchern in der Fläche und sind zu einer unterschwelligen Ordnung zusammengesetzt. Die Figuren, von schwarzen Umrissen fest umschlossen, agieren wie in einer eigenen Luftschicht. Stille liegt über der Szenerie.

Das Gemälde erweist sich als ein Exempel der hochherzigen Vision Muellers von einer vollendeten, doch stets auch gefährdeten Harmonie von Mensch und Natur. Dem entsprechen seine feinsinnige bildnerische Balance, die er in stumpfen, dünn aufgetragenen Leimfarben auf rauem Rupfen formuliert. Erdfahles Gelb, staubiges Grün oder zartes Rosa liegen wie Blütenstaub über einem unmerklichen Kompositionsgerüst. Ein leichter Atem weht durch die rhythmischen Choreografien karger Konturlinien und differenzierter Farbflächen. Nur ein oberflächlicher oder voreingenommener Blick verwechselt die souveräne Herbheit und Melancholie seines namenlosen Menschengeschlechts mit Lyrismus oder gar Idylle.

Mit seiner asketischen Beschränkung im Thematischen und der noblen Distanz zu Deformation und Ekstase bleibt Mueller ein Außenseiter innerhalb der Brücke. Seinen weiblichen Akten, Liebespaaren und Badenden fehlt das Aggressive und Sensationelle. Landschaft ist der stilvolle Stimmungsrahmen für ihren Auftritt; Großstadt tritt nie ins Blickfeld. Mueller insistiert auf sanftem Gesetz und ruhiger Harmonie. Statt eines Aufschreis über den Zustand der Welt waltet in seinen Bildern die Sehnsucht nach weltfernem Paradies. „Hauptziel meines Strebens ist, mit größtmöglicher Einfachheit Empfindungen von Landschaft und Mensch auszudrücken."

Drei Akte unter dem Baum, um 1913
Leimfarbe auf Rupfen, 117 x 92 cm
Privatbesitz

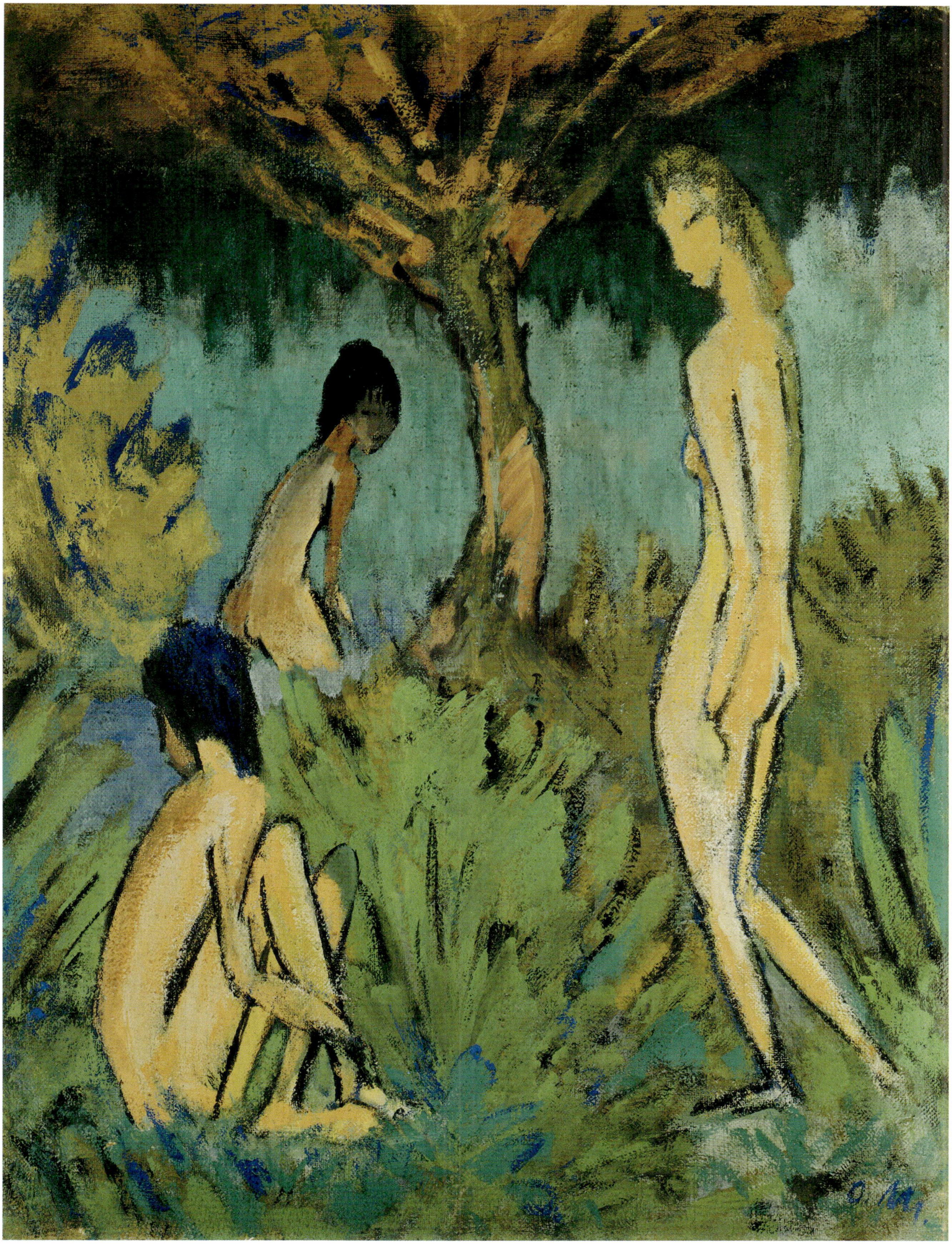

Emil Nolde

Maler Schmidt-Rottluff, 1906

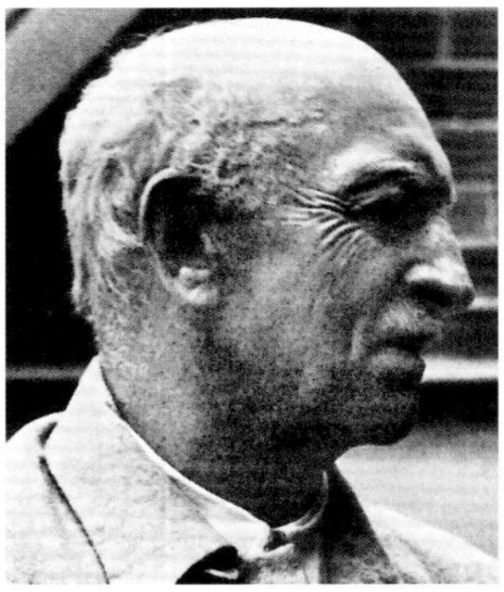

* 1867 in Nolde, bei Tondern
† 1956 in Seebüll, bei Neukirchen

„Wir haben Ihnen hiermit den Zoll für Ihre Farbenstürme entrichten wollen."

— KARL SCHMIDT-ROTTLUFF AN EMIL NOLDE, FEBRUAR 1906

Der norddeutsche Maler Emil Nolde lässt sich Anfang 1906 von Schmidt-Rottluff zum Eintritt in die Dresdener Künstlergruppe Brücke bewegen. Seine „Farbenstürme" begeistern die Jungmaler ebenso wie kurz zuvor die Farbexplosionen van Goghs. Nolde, fast eine Generation älter, ist das erste neu gewonnene Mitglied. Und er wirkt nicht nur mit seinem expressiven Postimpressionismus in Malerei und Radierung höchst anregend, sondern auch durch organisatorische Ideen und hilfreiche Kontakte zu Sammlern. Indes kann die Brücke den eigensinnigen Mentor nur knapp zwei Jahre halten. Danach verfolgt Nolde seinen „Künstlerweg" wieder allein. 1909 findet er zu einem mythischen Expressionismus, mit dem ihm der Durchbruch gelingt. Ein Jahr später initiiert er in einem kulturpolitischen Aufruhr die Spaltung der Berliner Secession und begegnet der Brücke noch einmal in der Neuen Secession Pechsteins, an deren Ausstellungen er sich bis 1912 beteiligt.

Mit Schmidt-Rottluff bleibt Nolde besonders verbunden. Nur diesen Namen nennt er, als er 1909 versucht, mit Munch eine internationale Vereinigung jüngerer Künstler zu gründen. Schon im Sommer 1906 hat ihn der sächsische Eigenbrötler, selbst gern auf der Flucht vor zu viel Gruppendynamik, in seinem Refugium auf der Ostseeinsel Alsen aufgesucht. Schmidt-Rottluff begründet so die Tradition der sommerlichen Alternativaufenthalte, denen die Brücke maßgebliche Impulse für ihre Stilentwicklung verdankt. Aus der Alsener Arbeitsgemeinschaft erwächst nicht nur Noldes Kenntnis des Holzschnitts. Hier entsteht auch, neben aufgewühlten Gartenbildern, ein intimes Bildnispaar: das Selbstbildnis Schmidt-Rottluffs, dem bewunderten Nolde gewidmet, und dessen Porträt des jüngeren Malers – Zeugnisse einer Künstlerfreundschaft, die in aller Stille die Zeitläufe überdauern wird.

Nolde bringt eine farbige Palette in energischen Pinselspuren auf die Leinwand. Der rauchende Sommergast, als Brustbild von oben gesehen, schält sich am unteren rechten Bildrand als dunkles Schwergewicht aus den lichten, strudelnden Farbmassen heraus. Im Duktus scheint hier der Maler dem van-Gogh-Enthusiasmus seiner „jungen Kameraden" zu folgen, denen er nicht ohne Ironie ins Stammbuch schreibt: „Ihr solltet Euch nicht Brücke, sondern ‚van Goghiana' nennen." Im hochkonzentrierten Selbstporträt Schmidt-Rottluffs indes wird die ekstatische Pinselschrift – Signet der ersten Stilphase – expliziter vorgetragen. Bildfüllend formen sich die ernsten Gesichtszüge in einer verwirrend ineinanderfließenden Farbstruktur. Im Vergleich erscheinen beide Porträts mit ihrer wechselseitigen Verteilung der Farbwerte und Massen als ein bewusstes Pendant, das nur gemeinsam ein Gleichgewicht findet.

Im empfindsam verschatteten Porträt Noldes freilich offenbart sich das Wesen Schmidt-Rottluffs einprägsamer als in dessen eigener Sicht. „Ich bewunderte seinen Scharfsinn und sein Wissen und wusste nur wenig zu sagen, wenn von Nietzsche und Kant oder Größen dieser Art gesprochen wurde", erinnert sich der Ältere. „Als es uns zur Arbeit drängte, zog er nach dem anderen Ende vom Wald und kam nur zuweilen zu uns hingegangen, wenn ringend Leid und Einsamkeit ihn trieben."

Maler Schmidt-Rottluff, 1906
Öl auf Leinwand, 52,4 x 36,8 cm
Nolde Stiftung Seebüll

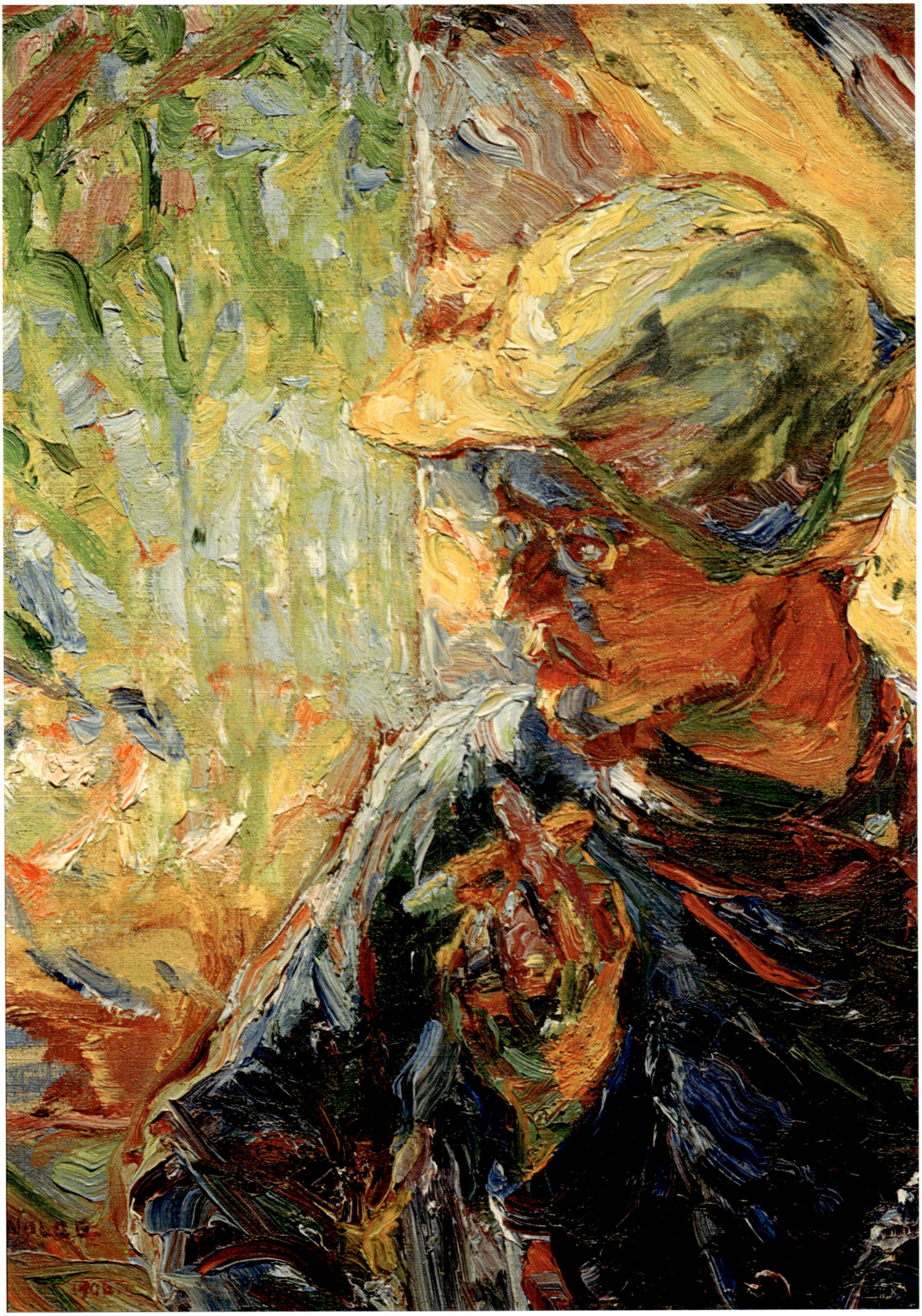

Max Pechstein

Tanz, 1909

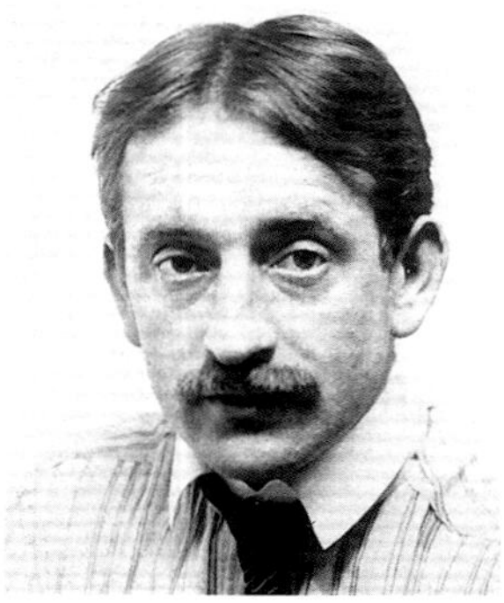

* 1881 in Eckersbach
† 1955 in Berlin

Tanz als Metapher für Elan und Ekstase, Ursprung und Exotik ist eine Entdeckung der Moderne. Das Thema fasziniert auch die Künstler der Brücke. Ihr Kunstprogramm zielt auf den glückhaften Moment, auf Spontaneität und Authentizität. Immer wieder geht es ihnen um das intuitive Erfassen von Leben in seiner intensivsten Form. Dafür bietet die Nacht der Großstadt mannigfache Anregungen.

Kirchner und Heckel sind schon in Dresden eifrige Konsumenten populärer Kultur zwischen Varieté und Zirkus. Pechstein lässt sich in Berlin vom Russischen Ballett in der Kroll-Oper, von Pantomime und Völkerschau bezaubern. Ähnlich wie Kirchner lädt er Tanz erotisch auf. Doch während der Freund sein prekäres Heil in Vergnügungsetablissements sucht, findet der bodenständige Pechstein Inspiration in den exotischen Darbietungen außereuropäischer Schausteller und Tänzer, wie sie beispielsweise der Wanderzirkus Sarrasani und die Hagenbeck'schen Völkerschauen offerieren. Sein Gemälde *Tanz,* 1909 datiert, möglicherweise aber im ersten Halbjahr 1910 entstanden, enthüllt sich fast wider Erwarten als eine solche exotische Szene: erdenschwere Bewegungen in fremdartigen Kostümen. Ein zerstörtes Gemälde von 1910 gibt diese Szene als fantastischen Aufzug aus plüschigem Kopfdekor, Rüschenhose und einem bis zum Bauchnabel ausgeschnittenen Oberteil zu erkennen. Dort ist auch die Physiognomie explizit erfasst; es könnte sich um festlich geschmückte Samoanerinnen handeln, die 1910 in Carl Hagenbecks Tierpark Vorstellungen geben. Eine ähnliche Szene mit halbnackter Tänzerin hält Heckel im März 1910 auf einer Postkarte aus Berlin an Rosa Schapire skizzenhaft fest. Im exotischen Habitus ist sie keinesfalls mit einer kessen Varietékünstlerin in gelbem Trikot zu verwechseln, mit der Pechstein schon im Januar desselben Jahres Heckel in Dresden postalisch grüßte.

Im großformatigen Ölbild zeigen seine beiden Protagonistinnen keinen raffinierten Tanz. Vielmehr beobachtet der Maler sie beim Aufwärmen oder Training hinter den Kulissen. Er umreißt den intimen Anblick in lockeren Pinselzügen. Ein Spiegel ist für einen überraschend formlosen Lichtfleck verantwortlich. Daneben führt eine Öffnung ins Freie oder auf eine erleuchtete Bühne – all dies lebt von rein malerischer Andeutung. Gegen Kirchners kleine nervöse Cancan-Mädchen – es sind russische Tänzerinnen mit Turban, wie eine verwandte Radierung zeigt – strahlen Pechsteins wuchtige Körper urtümliches Vertrauen und Wärme aus. Zielt Ersterer mit trippelnder Synchrondynamik auf die Darstellung von Tempo, zeigt der andere in der ruhigen Begegnung von vertikaler und horizontaler Bewegung die Möglichkeit einer mitmenschlichen Balance. Andererseits erspürt Kirchner feinnervig das rührend Hilflose seiner Tänzerinnen in den maskenhaft geschminkten Gesichtern und der Verzagtheit ihrer Gebärden, die den Auftritt fast zur Karikatur machen.

Pechsteins Gemälde erhält im September 1910 einen herausragenden Platz in der Brücke-Ausstellung der Dresdener Galerie Ernst Arnold. Als Riesenformat hängt es in einem extravaganten Goldrahmen über dem Kamin. Ein Foto und Kirchners Reproduktionsholzschnitt im Katalog machen deutlich, dass Pechstein die linke Seite des Bildes und den Fuß der Tänzerin im Nachhinein beschnitten hat. So wirkt die Tanzszene heute spontaner, als vom Maler ursprünglich angelegt.

Tanz, 1909
Öl auf Leinwand, 95 x 120 cm
Berlin, Brücke Museum,
Leihgabe aus Privatbesitz

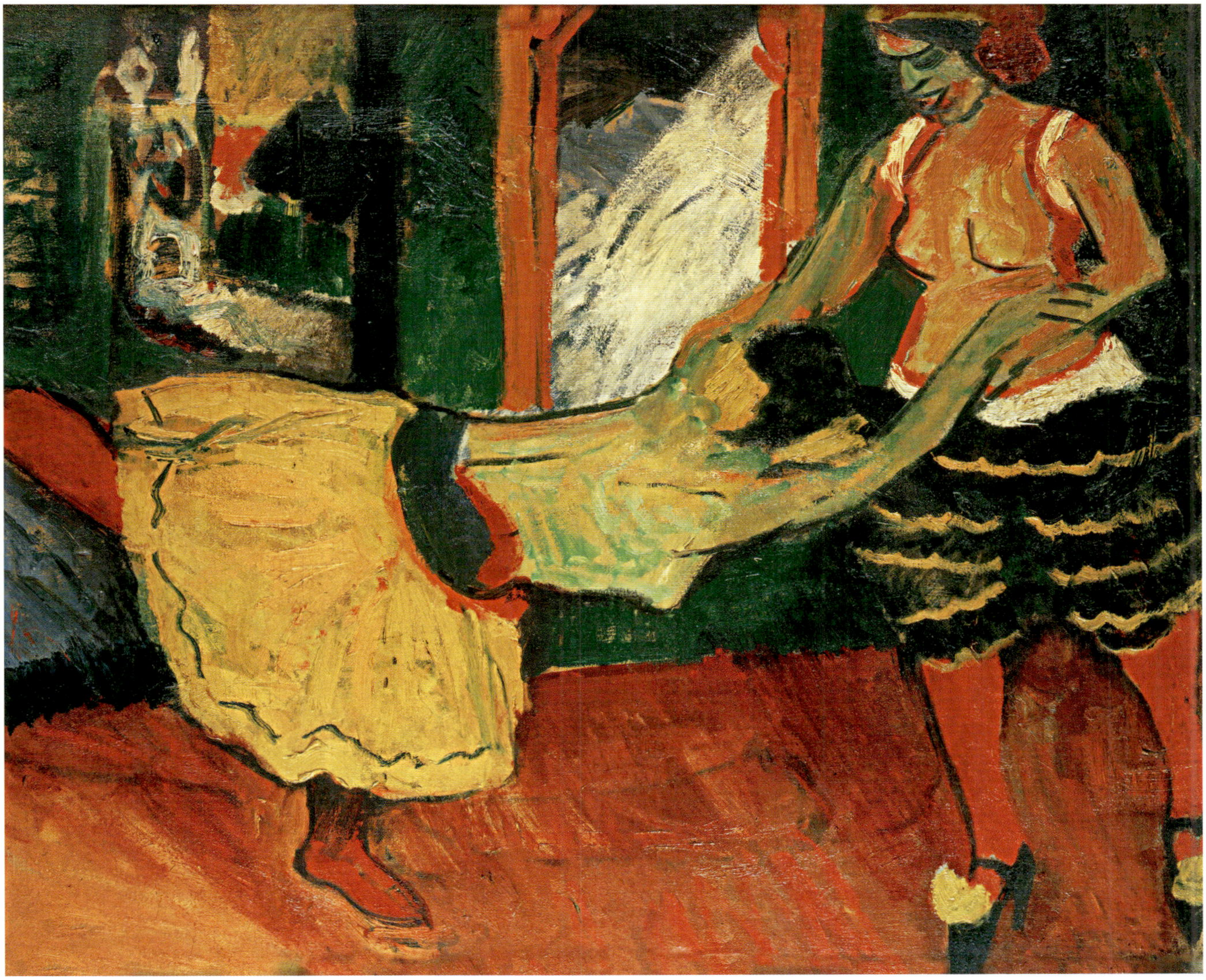

Max Pechstein
Zwei Frauenakte im Zimmer, 1909

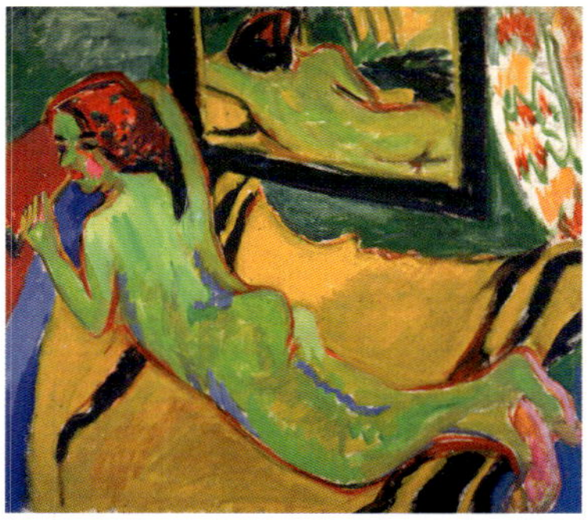

Ernst Ludwig Kirchner
Liegender Akt vor dem Spiegel (mit Pfeife), 1909/10
Öl auf Leinwand, 83,3 x 95,5 cm
Berlin, Brücke Museum

„So stürzten wir uns auf die Natur in den Mädchen …"
— ERNST LUDWIG KIRCHNER, DAVOSER TAGEBUCH, 1923

Die Aktszenen Pechsteins und Kirchners führen mitten hinein in den „Lebensraum-Gesamtentwurf" des Dresdener Brücke-Ateliers und gewähren Einblick in den Alltag der proklamierten Einheit von Kunst und Leben. Diese romantische Utopie in moderne Praxis transferiert zu haben – das gilt nicht als kleinstes historisches Verdienst der sächsischen Expressionisten-Avantgarde. Das „Gesamtkunstwerk" auf Straßenniveau, wo seit November 1909 Kirchner haust und alle arbeiten, findet sich im Vorort Friedrichstadt, Berliner Straße 80. „Einen engen Kramerladen, der sich mit einer großen Scheibe nach der Straße öffnete", findet der Hamburger Sammler Gustav Schiefler vor, als er 1910 den Künstler besucht. „Diese Räume waren phantastisch ausgestattet mit bunten Stoffen, die er selbst in Batiktechnik gemustert hatte, mit allerlei exotischem Gerät und mit Holzschnitzereien seiner eigenen Hand: eine primitive aus der Not geborene, aber doch von stark ausgeprägtem eigenen Geschmack getragene Umgebung."

Hier führt – in schrankenloser Gemeinschaft mit den geliebten Gefährtinnen – die „fanatische freie Arbeit nach nackten Menschen im kargen Atelier" zur Lösung des künstlerischen Problems, den „freien Menschen in freier Natürlichkeit … mit neuen Mitteln darstellen zu können". „Oft stand ich mitten im Coitus auf", schreibt Kirchner, „um eine Bewegung, einen Ausdruck zu notieren." So entsteht inmitten der sinnesfeindlichen wie geisttötenden Bigotterie der Wilhelminischen Kaiserzeit ein Freiraum künstlerischer Kreativität unter erotischer Stimulanz – ein revolutionärer Bruch mit bürgerlichen Normen in Gesellschaft und Kunst.

Der umtriebige Pechstein lebt und arbeitet schon seit Herbst 1908 in Berlin. Wie der Einzelgänger Schmidt-Rottluff zählt er in dieser geografischen Distanz nicht zum inneren Kern der Dresdener Arbeitsgemeinschaft. Doch gelegentlich ist er zu Gast, verbringt den Sommer 1910 mit Kirchner und Heckel auch in Moritzburg. Sein Aktbild von 1909 offenbart in seiner pulsierenden Offenheit, dem ungewöhnlichen Blickwinkel und der spontanen Pinseldynamik die inspirierende Nähe der beiden Freunde und ihres in diesem Jahr einsetzenden Entwicklungsschubs hin zur Reifephase des „Brücke-Stils". Im Vergleich zu Damenporträts dieser Zeit, in denen Pechstein mit dekorativem Geschick die Kunstimpressionen seines Paris-Jahres, vor allem den „Elan" der Fauves, verarbeitet, bricht sich hier eine urwüchsige Lust am intuitiven Malprozess, am „unmittelbaren und unverfälschten" Ausdruck Bahn.

Dies bewegt auch Kirchners Rückenakt seiner Geliebten Dodo (Doris Große). Freilich ist er mit seinem grünen, blau verschatteten und rot konturierten Körperbild fortgeschrittener in der Trennung von Farbe und Gegenstand. Doch auch Pechstein ist in Stil und Motiv weit entfernt von allem Geschmäcklerischen. Dekor wird nur zitiert: als die „fantastische" Atelierausstattung im Hintergrund. Seine wie im Affekt vollzogene skizzenhafte Pinselschrift suggeriert die Authentizität eines Augenblicks. Fast wirkt das kleinere Format souveräner in der malerischen Freiheit. Beide Künstler aber wetteifern in kompositioneller Raffinesse – mit einem vergleichbaren Blick von oben auf die Freundinnen. Pechsteins räumliche Staffelung zweier Figuren in komplizierten Körperhaltungen ist ebenso künstlerische Herausforderung wie Kirchners Verdoppelung im Spiegelbild.

SEITE 79
Zwei Frauenakte im Zimmer, 1909
Öl auf Leinwand, 49,5 x 65,5 cm
Köln, Museum Ludwig

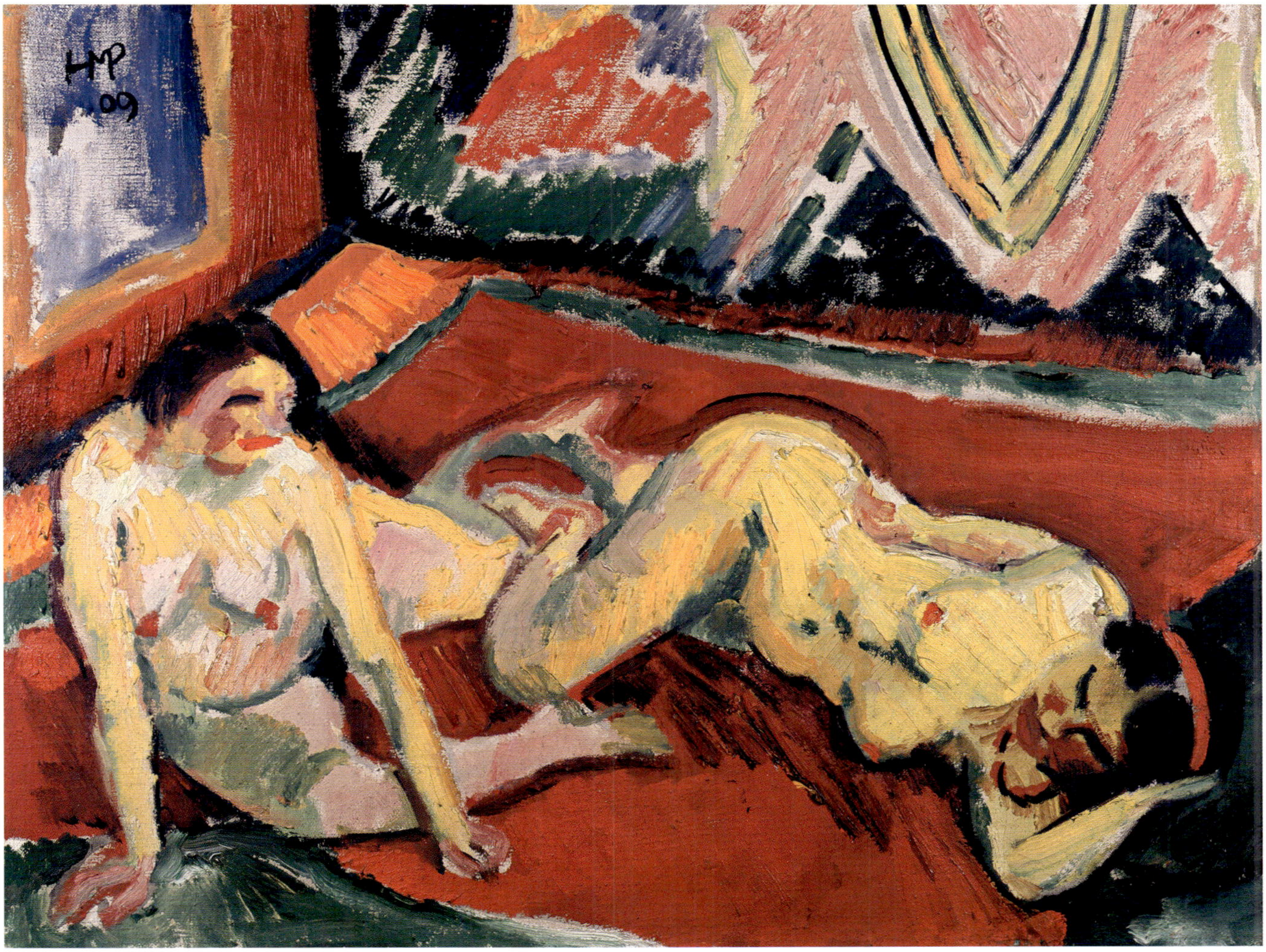
HMP
09

Max Pechstein
Das gelbschwarze Trikot, 1909/10

Das gelbschwarze Trikot ist eine Sensation. Die Pinselstriche, die es zeichenhaft markieren, sind die einzigen naturfremden Linien im Bild. Sonst ist hier alles – die nackten Gestalten auf der Wiese, der bewegte Himmel, die markanten Baummassen – bruchlos durchwebt von Licht, Luft und Farbe, grün, rot, blau, dem Dreiklang von Moritzburg. Ein einziges Rauschen, das am Zebrastreifen des Trikots abrupt endet – und neuen Atem holt! Das Mädchen, das an vorderster Bildfront in kindlicher Gelassenheit seinen wirkungsvollen Auftritt hat, ist von fragiler Statur und hat eine Schleife im Haar. Wenn nicht alles täuscht, ist es Fränzi, manchmal auch Marcella gerufen. Sie wird den Brücke-Malern 1910 förmlich zum „Maskottchen" ihres künstlerischen Gipfelsturms – aber eben noch nicht im Sommer 1909. Zudem ist verbürgt, dass Pechstein erst im Folgejahr das Moritzburger Kollektiv komplettiert. Wie niemals zuvor oder danach gleicht er sich während dieser Wochen in Handschrift und Bildmotiv an Heckel und Kirchner an. In der inspirierenden Gemeinschaft wird sein Stil komplexer und zugleich homogener. Das offenbart sich in diesem Gemälde besonders überzeugend. Es sollte in Zukunft 1910 datiert werden.

Pechstein lebt seit seiner Rückkehr aus Paris 1908 in Berlin und sehnt sich nach lebendigen Modellen, „Natur vor meinen Augen". So vereinbart er mit Heckel und Kirchner im März 1910, „dass wir zu dritt an den Seen um Moritzburg nahe Dresden arbeiten wollten. Die Landschaft kannten wir längst und wir wussten, dass dort die Möglichkeit bestand, unbehelligt in freier Natur Akt zu malen … Wir mussten zwei oder drei Menschen finden, die keine Berufsmodelle waren und uns daher Bewegungen ohne Atelierdressur verbürgten." Diesen Wunsch erfüllt ihnen nicht nur die Schar der Gefährtinnen, sondern nun auch Fränzi, die Tochter eines Schlossergehilfen. „Wir hatten Glück mit dem Wetter: kein verregneter Tag … Sonst zogen wir Malersleute frühmorgens mit unseren Geräten schwer bepackt los, hinter uns die Modelle mit Taschen voller Fressalien und Getränke. Wir lebten in absoluter Harmonie, arbeiteten und badeten."

Von dieser sommerlichen Freiheit zeugt Pechsteins dekoratives Paradebeispiel des gemeinsamen „Brücke-Stils". Intarsienartig ineinandergefügte Farbzonen gewinnen in der Tiefe an Prägnanz. Vor der gelb auflodernden Aura wirkt das Inkarnat des Mädchens im gelbschwarzen Trikot leuchtend rot. Die Phalanx eckig ausschreitender Akte intensiviert sich im satten Wiesengrün. Rötliche Konturen umschließen das Dunkelgrün der Baumwipfel und das Kobaltblau des Himmels. In Moritzburg verwirklicht die Brücke einen Traum, der zugleich soziales Experiment und künstlerisches Thema ist. Gegen gesellschaftliche Konventionen und in Abkehr vom akademischen Regelwerk formuliert das Triumvirat Kirchner, Heckel, Pechstein – in einem engen Sujet- und Stilbündnis – bahnbrechende Bilder vom Einklang der Geschlechter in ungebundener Natur. Es entstehen jene abstrahierenden Formkonzentrate voll sinnlicher Farbwucht, die zum Signet des Brücke-Expressionismus werden. Während die abstrakte Avantgarde auf die Utopie des Großen Geistigen (wie sie beispielsweise Kandinsky postulierte) zusteuert, beharren die sächsischen Freiluftmaler in ihrem „ganz naiven reinen Müssen, Kunst und Leben in Harmonie zu bringen", auf Figur und Welt als Ursprung und Ziel ihrer Kunst.

Das gelbschwarze Trikot, 1909/10
Öl auf Leinwand, 68 x 78 cm
Berlin, Brücke Museum,
Leihgabe aus Privatbesitz

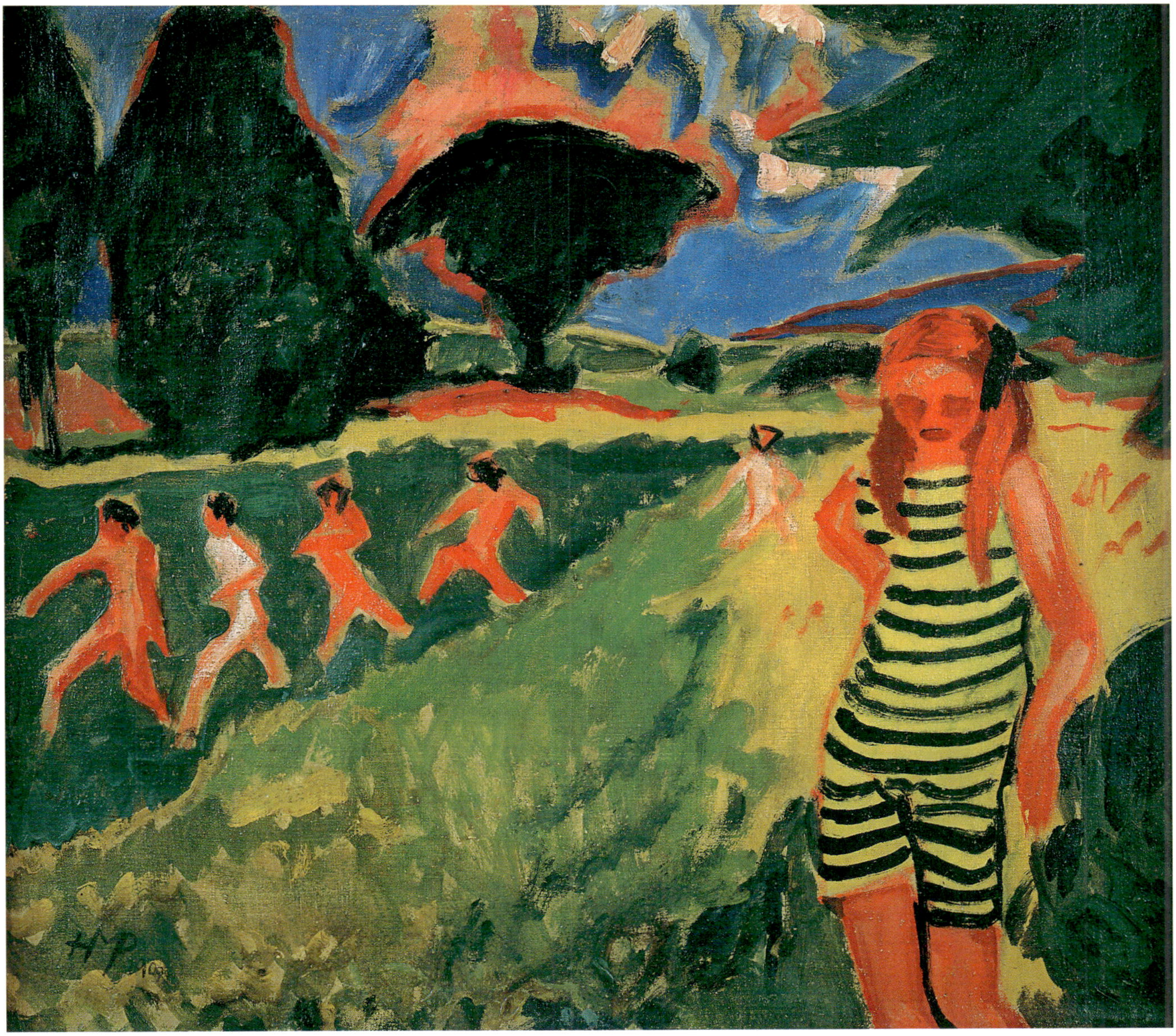

Max Pechstein
Doppelbildnis, 1910

Max Pechstein ist kein Rebell. Dafür besitzt er zu viel bildnerisches Talent – und als einziger in der „Dresdener Basisgruppe" der Brücke ein akademisches Fundament. Dies und ein frischer Realitätssinn verankern seine Kunst – für stilistische Impulse immer empfänglich – im diesseitig Durchschaubaren und verleiht ihr nicht selten einen unkomplizierten, konventionelleren Touch, der rasch ins Dekorative abgleiten kann. „Pechstein ist äußerlich viel schöner", urteilt Franz Marc 1912 im Vergleich mit den „hässlichen" Existenzbildern Kirchners und Heckels. „Die Konstruktion ist erkennbarer, in seinen schwachen Sachen liegt sie zu sehr auf der Hand; aber seine starken Sachen klingen unbegreiflich wie Glocken; man weiß nicht, woher und wohin, aber sie sind da."

Aus westsächsischem Arbeitermilieu gebürtig, absolviert Pechstein nicht nur eine grundsolide Handwerksausbildung als Dekorationsmaler, sondern auch ein Meisterschülerstudium bei dem für Wandmalerei zuständigen Otto Gussmann an der Dresdener Kunstakademie, das er mit dem „Rompreis", dem Sächsischen Staatspreis, 1906 abschließt. Im selben Jahr trifft er auf der III. Deutschen Kunstgewerbe-Ausstellung unter seinem Deckenbild im Sächsischen Pavillon mit Erich Heckel zusammen. Der junge Maler, der die reale Glut eines Tulpenbeets im Dresdener Zwinger nach allen Regeln der Stilkunst in abstraktes Dekor übersetzt zu haben glaubt, stellt entsetzt fest, „dass das brennende Rot durch graue Spritzer gedämpft worden war. Das Gerüst war verschwunden; ohnmächtig stand ich unten … Plötzlich stand jemand neben mir, der mir im Schimpfen sekundierte. Beglückt entdeckten wir einen restlosen Gleichklang im Drang nach Befreiung, nach einer vorwärts stürmenden, nicht durch Konvention gehemmten Kunst."

So wird Pechstein zum „Glückskind der Brücke", stilgewandt und weltläufig, ein „Naturbursche" voller Sinnenfreude und taktischer Energie. Früh schon Mitglied im Deutschen Künstlerbund, macht er bald auch in der Berliner Secession Furore. Nach seinem Italienaufenthalt als Staatspreisträger lebt er seit Ende 1907 neun Monate in Paris, nimmt persönlichen Kontakt mit den „Fauves" auf, gewinnt Kees van Dongen als Mitglied, siedelt im Herbst 1908 nach Berlin über, verdient Geld mit innenarchitektonischen Dekorationsaufträgen und initiiert im April 1910 die Gründung der „Neuen Secession", die ihn im Mai 1910 zum Präsidenten wählt – „kleiner Napoleon der Berliner Künstlerschaft" wird er genannt. In dieser Zeit malt Pechstein das selbstverliebte Doppelporträt mit seiner jugendlichen Geliebten Charlotte Kaprolat, die er im Frühjahr 1911 ehelicht.

Als Bürger und nicht als Bohemiens posiert das Paar im vollen Akkord von Gelb und Blau, blumenreich umrankt von der Hände Arbeit des Künstlers, einem floralen Wanddekor, demonstrativ einig in seiner Eleganz unter Panamahüten, Charlotte mit attraktivem Schmollmund hinter roter Gladiole, Pechstein als lässiger Weltmann mit Strohhalm im sinnlichen Mundwinkel – ohne Zweifel: ein Sommerbild, prall angefüllt mit Sonne, Stolz und Selbstbewusstsein. Die Pinselschrift ist flüssig und beschwingt; der Farbklang rein und ungetrübt. Hier stört einfach gar nichts. Kurzum: „Max Pechstein mit seiner Frische und dem Charme seiner Persönlichkeit", so Nolde nicht ohne Neid, „war allen voran, Liebkind der Presse und triumphierend in Erfolgen."

Doppelbildnis, 1910
Öl auf Leinwand, 89,5 x 89,5 cm
Berlin, Staatliche Museen zu Berlin, Nationalgalerie

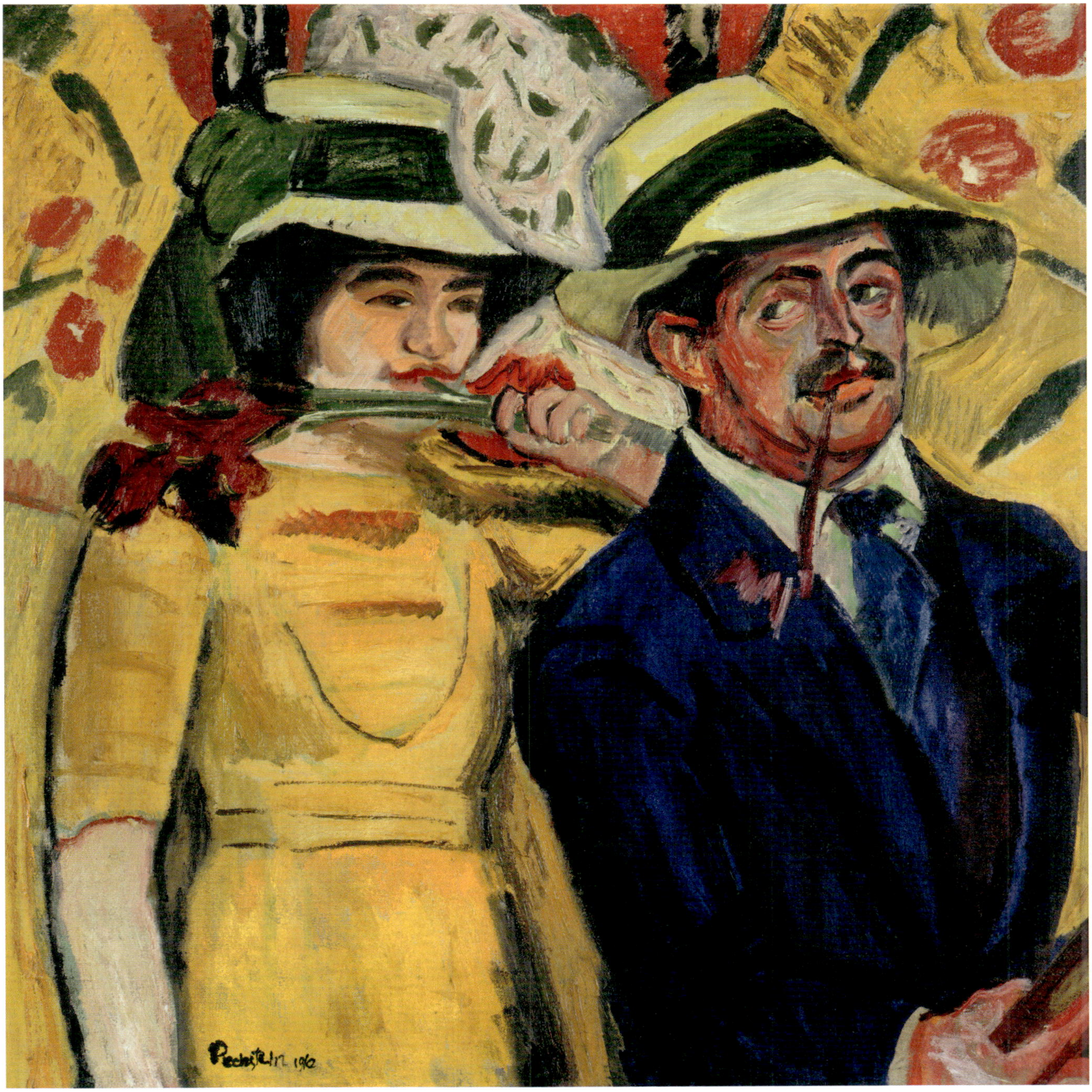
Pechstein 1912

Karl Schmidt-Rottluff

Selbstbildnis mit Einglas, 1910

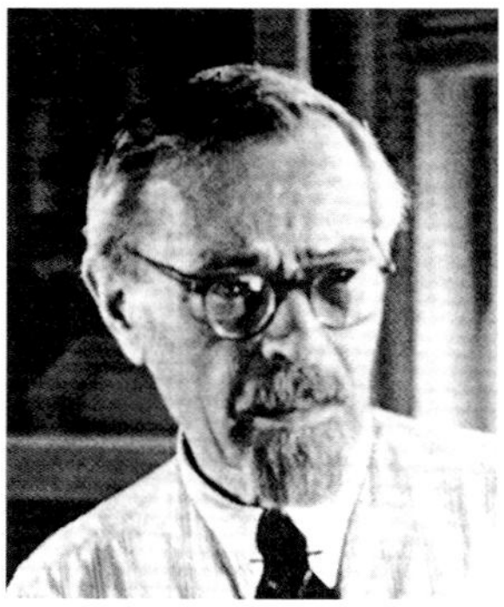

* 1884 in Rottluff
† 1976 in Berlin

„Ich glaube, die meisten Bilder handeln von Vorgängen; ich wollte immer das Sein aufweisen und das stille Leben der Dinge."
— KARL SCHMIDT-ROTTLUFF

Karl Schmidt aus Rottluff bei Chemnitz ist Namensgeber der Brücke. „Das sei ein vielschichtiges Wort, würde kein Programm bedeuten, aber gewissermaßen von einem Ufer zum anderen führen", so Heckel, der mit ihm seit Jugendtagen befreundet ist. Beide sind begeistert vom radikalen Denken Friedrich Nietzsches, für den der Mensch „eine Brücke und kein Zweck ist". Auch Schmidt, der sich alsbald distinguiert nach seinem Geburtsort nennt und das Architekturstudium abbricht, ist ein Vielleser und Schweiger. Aber anders als der rastlos tätige Heckel entzieht er sich von Beginn an einer allzu engen Arbeits- und Lebensgemeinschaft. 1907 kürt er das Fischerdorf Dangast nördlich von Oldenburg zu seiner „stillen Heimat" und zum Hauptwohnsitz. In der unberührt herben Marschlandschaft am Jadebusen entwickelt der souveräne Einzelgänger seine individuelle Variante des Brücke-Expressionismus.

1910 bezieht er in Hamburg, wo ihn Sammler und Kenner unterstützen, ein eigenes Atelier. Im Sommer desselben Jahres schafft Schmidt-Rottluff seinem monumentalen Ausdruckswollen endgültig Luft. Mit verdünnten Farben von ungebrochen kontrastreicher Leuchtkraft und einer energisch gestrafften Bildstruktur findet er Anschluss an den aktuellen Flächenstil der Brücke. Nach seiner ersten Einzelausstellung in Hamburg beteiligt er sich in Abwesenheit an der großen Brücke-Ausstellung der Dresdener Galerie Arnold und tritt der Neuen Secession in Berlin bei. Kein Jahr später wird auch er dorthin übersiedeln. In der Metropole erweitert sich die Thematik seiner Kunst um Menschenbild und Melancholie. Begegnungen mit der Avantgarde um Lyonel Feininger und Franz Marc verhelfen seinem Formvermögen zu kubisch kristalliner Steigerung. Am biografischen und künstlerischen Schnittpunkt 1910 entsteht – als Bilanz und Bekenntnis – Schmidt-Rottluffs *Selbstbildnis mit Einglas.*

Selbstbewusst, durchdrungen von einem unerschütterlichen „Hier stehe ich und kann nicht anders" setzt sich ein einsamer Maler massiv in Szene. Er weiß, was er tut. Keiner der Brücke-Künstler hat so viele Selbstporträts hinterlassen wie er. „Verbarrikadiert" hinter dem Einglas nimmt er den Betrachter mit verkniffenem Auge und mürrischem Mund ins Visier. Seine bildbeherrschende Erscheinung im grünen Rollkragenpullover wird von einer gelb aufflammenden, rot konturierten Gloriole hinterfangen. Keine Frage, hier fordert einer hochkonzentriert vom Publikum unbedingten Glauben an den Künstler ein. Es soll – wie der Kunstkritiker Paul Westheim 1923 subtil urteilt – das „Herrische der Geste hinnehmen", statt „nach Motivierung zu fragen".

Stilistisch entspricht die rigorose Flächenorganisation des Bildes dem Stadium der Reife. Der nur durch die lockere Pinselstruktur gemilderte Farbdreiklang aus Grün, Gelb und Rot unterstützt das latent Aggressive in der arroganten Attitüde. Weder in Stil noch Haltung lässt der Künstler Zweifel über sein Ziel aufkommen: suggestive Prägnanz durch zweidimensionale Monumentalisierung. „Warum es so schwierig sei, mit Schmidt-Rottluff zu einem inneren Verhältnis zu gelangen", fragt sich Pechstein, als er im Sommer 1910 den Unnahbaren aufsucht. „Auf der Fahrt nach Dangast warnte mich Heckel schon: er fürchte, von Schmidt-Rottluff erdrückt zu werden."

Selbstbildnis mit Einglas, 1910
Öl auf Leinwand, 84 x 76,5 cm
Berlin, Staatliche Museen zu Berlin, Nationalgalerie

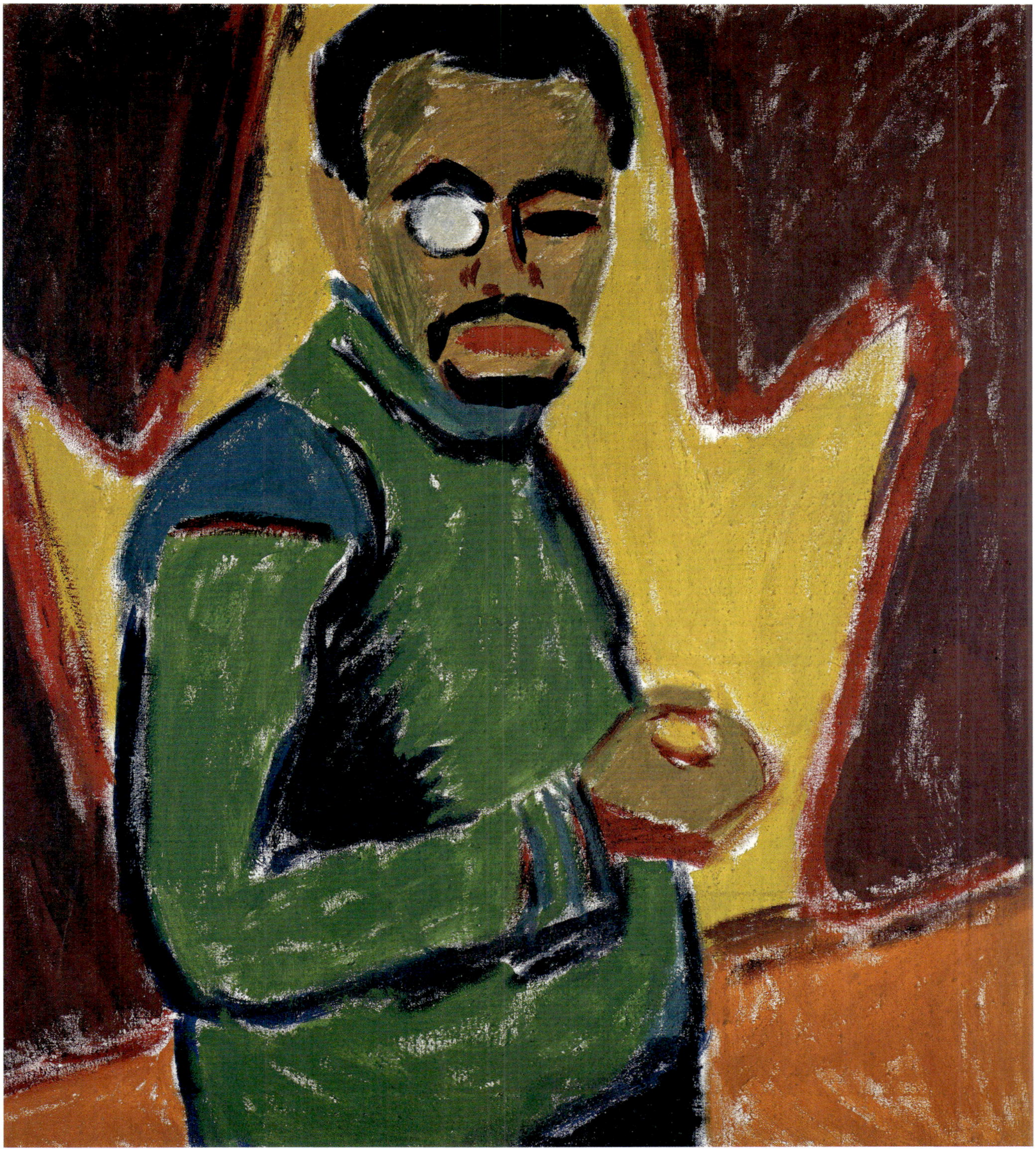

Karl Schmidt-Rottluff

Lesende (Else Lasker-Schüler), 1912

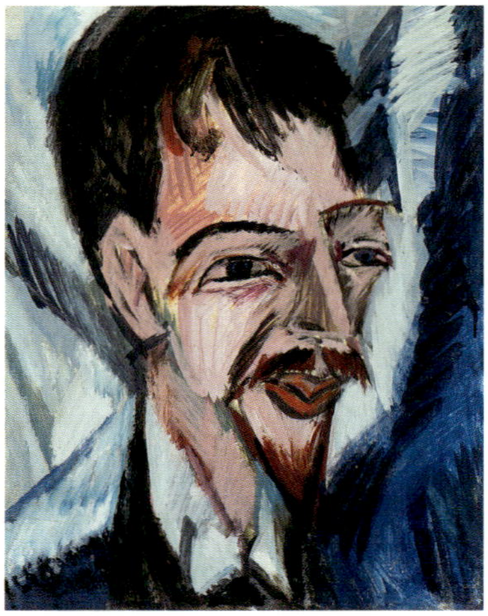

Ernst Ludwig Kirchner
Porträt Dr. Alfred Döblin, 1912
Öl auf Leinwand, 50,8 x 41,3 cm
Cambridge, Massachusetts, Harvard Art Museums/Busch-Reisinger Museum, Association Fund

„Schmidt-Rottluff hat mich im Zelt sitzend gemalt. Ein Mandrill, der Schlachtengesänge dichtet. Schmidt-Rottluff hat mich als Mandrill gemalt, und ich stamme doch von der Ananas ab … Bin entzückt von meiner bunten Persönlichkeit, von meiner Urschrecklichkeit, von meiner Gefährlichkeit, aber meine goldene Stirn, meine goldenen Lider, die mein blaues Dichten überwachen. Mein Mund ist rot wie die Dickichtbeere, in meiner Wange schmückt sich der Himmel zum blauen Tanz, aber meine Nase weht nach Osten, eine Kriegsfahne, und mein Kinn ist ein Speer, ein vergifteter Speer …"

Else Lasker-Schüler, Dichterin im innersten Kreis der Avantgarde, selbst ernannter „Prinz Jussuf von Theben", die fantastische Märchenfigur des Berliner literarischen Expressionismus, trifft Ende 1911 auf Schmidt-Rottluff, der seit Oktober des Jahres in Berlin-Friedenau lebt. Wie, wo und warum, das wissen wir nicht. Aber dass der Brücke-Künstler sie postwendend malen will, so viel ist sicher. Denn in den allerersten Januartagen vereinbaren sie schriftlich einen Termin. Und schon am 16. des Monats schreibt die Konterfeite: „Ich fasste die Mandrillität erst ganz unten auf der ernüchternden Straße von Friedenau." Kurz darauf erscheint ihre expressiv-poetische Bildbeschreibung im *Sturm,* der Kunstzeitschrift ihres Ehemanns Herwarth Walden, die Ende Januar 1912 auch eine Porträtzeichnung Schmidt-Rottluffs unter dem Titel *Der Prinz von Theben* publiziert. Dass die namenlos Lesende von 1912 mit dem so gut dokumentierten Bildnisgemälde der Lasker-Schüler identisch ist – dies ist erst nach dem Tod seines diskreten Schöpfers 1976 durch einen kunsthistorischen Indizienprozess ans Tageslicht gebracht worden. Denn selten hat Schmidt-Rottluff, dem Porträtieren „immer eine zwiespältige Sache" bleibt, die Identität seiner Modelle preisgegeben. Einzige Ausnahmen von Rang sind Porträts seiner Hamburger Mäzenin Rosa Schapire.

Doch so wenig der Maler in der bildnerischen Deutung eines geistigen Tuns – sei es nun konzentriertes Lesen oder gar ein „blaues Dichten" – tatsächlich Porträtähnlichkeit beanspruchen will, die Figur entspricht in ihrem schlanken, verwehten Habitus weit mehr der Dichterin als der Kunst-historikerin. So muss dieses überraschend kubofuturistische Bild schon im Januar 1912 entstanden sein, lange vor den Stilimpulsen in Waldens Berliner Futuristenschau oder der Kölner Sonderbund-Ausstellung. Möglich, dass der Künstler schon im Mai 1911 in der Berliner Secession auf Bilder Picassos und Braques gestoßen ist. Doch jene kostbare, durch die abstrakte Kontur wie Edelstein gefasste Farbigkeit, die Lasker-Schüler so entzückt, entspringt einem ganz eigenen Ausdruckswillen.

Das Gemälde ist singulär im Werk Schmidt-Rottluffs. Dynamische Kraftlinien und facettierte Farbflächen verspannen den erleuchteten Kopf mit dem blauen Buch und beschreiben die splittrige „Zelt"-Form, die die Dichterin als geistiges Kraftzentrum des Bildes schützend umfängt. Der Maler sucht und findet genau jene Stilmittel, die er für die Bewältigung seiner inhaltlichen Aufgabenstellung braucht. Danach versucht er sie sofort zu „vergessen, um für neue Lösungen offen zu sein". Einen erstaunlichen Widerhall findet jene Manier jedoch in zeitgleichen Zeichnungen Kirchners, mit denen dieser einen ganz anderen Kopf der Literatur-Avantgarde kühn umreißt: den seines Freundes Alfred Döblin, Nervenarzt und Exponent des Großstadtschocks.

SEITE 87
Lesende (Else Lasker-Schüler), 1912
Öl auf Leinwand, 102,7 x 76,5 cm
Halle, Kunstmuseum Moritzburg, Sammlung Gerlinger

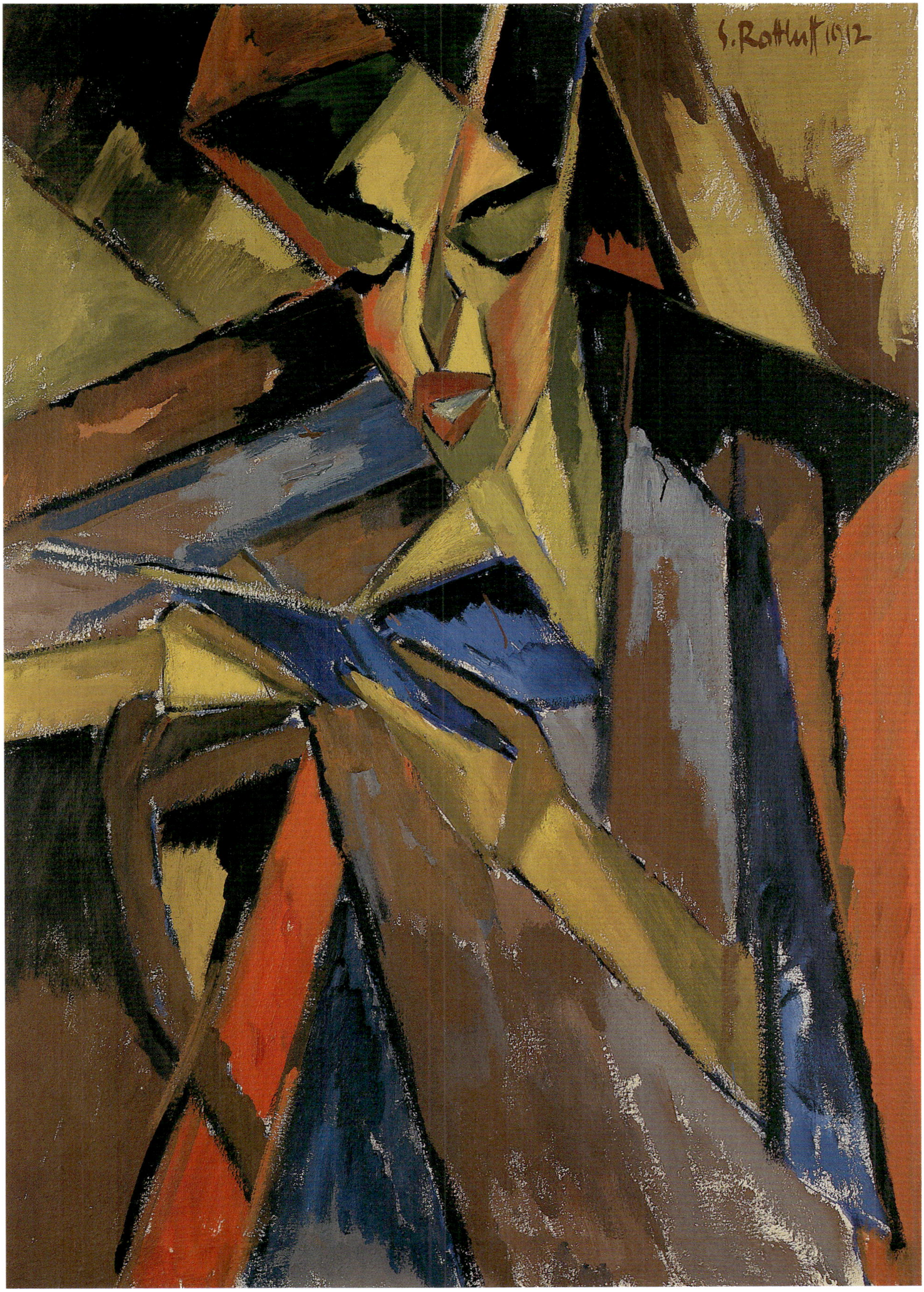
S. Rottluff 1912

Karl Schmidt-Rottluff

Nach dem Bade, 1912

„Der Rhythmus, das Rauschen der Farben, das ist das, was mich immer bannt und beschäftigt.“
— KARL SCHMIDT-ROTTLUFF, 1907

In Schmidt-Rottluffs Malerei tritt der Mensch erst 1912 energisch auf. Der Einzelgänger hat sich nur selten am gemeinsamen Aktstudium der Brücke beteiligt. Allein einsame Landschaft, besonders die geliebte Marsch am Jadebusen, zieht bis dato seine Aufmerksamkeit an. Die Aktfigur unter freiem Himmel wird gar erst 1913 an der Kurischen Nehrung zum großen Thema. 1911/12 hingegen experimentiert der Maler noch in verschiedenen Richtungen. Erst jetzt scheint bei ihm „Primitivismus“ aktuell zu werden. Diese verspätete Auseinandersetzung mit afrikanischer Skulptur wird intensiviert und zugleich sublimiert durch die Suggestion des Kubismus. Ab Mai 1912 präsentiert die „Internationale Sonderbund-Ausstellung Köln“ Picasso als wesentlichen Künstler der Gegenwart. Nicht zu sehen ist allerdings das epochale Monumentalbild *Les Demoiselles d'Avignon* von 1907, bestürzend selbst für Freunde. Schmidt-Rottluff steuert zur Ausstattung der Kapelle, die Kirchner und Heckel ausmalen, Relieftafeln mit religiöser Thematik bei. In einigen seiner Bilder der Folgezeit ist die Inspiration Picassos unterschwellig zu spüren.

Der Brücke-Künstler versucht, seinen expressionistischen Figurationen kubistische Konturen, eckige Attitüden und einen maskenhaften Habitus überzustülpen. Er findet dabei zu Volumen und Plastizität. Aber die revolutionäre Tat der konzeptuellen Zerstörung des Natureindrucks durch den analytischen Wechsel der Perspektiven innerhalb eines Bildkontextes reflektiert er nicht. Schmidt-Rottluff formuliert im Gemälde *Nach dem Bade* ein herausragendes Exempel seines stilistischen Zwischenspiels um 1912. Ein Duett voluminöser Akte von sonnendurchglühter Sinnlichkeit kämmt im Takt das blauschwarze Haar – ein beschwingter Rhythmus monumentaler Körper vor weitgehend abstrahierter Farblandschaft, die wie kosmisches Gesetz tönt. Über Franz Marc, den der Maler Anfang 1912 in Berlin trifft, könnte hier etwas vom Geist des Blauen Reiters eingeflossen sein.

In Kirchners ein Jahr später entstandenem Bild *Sich kämmender Akt* (Abb. S. 21 unten) dagegen herrscht statt kubischer Kantigkeit und glutvoller Erdenschwere – „gotische“ Eleganz und bleiche Kühle. Der fremde Freund, menschlicher Gegenpol zu Schmidt-Rottluff, formuliert in Berlin seine ureigene Vorstellung vom „großen Bild“. Die einsame Aktfigur, durch und durch raffiniertes Geschöpf der Großstadtnacht, stellt ihr Tun bewusst zur Schau – ganz im Gegensatz zur selbstvergessenen Hingabe ihrer mütterlich urwüchsigen Schwestern in freier Natur. In der Verschmelzung der Flächenstruktur des Innenraums und dem „absoluten Körper“ der nackten Gestalt ist Kirchner dem „ Geheimnis“ der Malerei auf der Spur. Schmidt-Rottluff indes laboriert in aller Unschuld noch am Motivklassiker des Brücke-Expressionismus und ringt um reine Ausdruckssteigerung. Doch eine sinnfälligere Bildbalance zwischen abstrahierender Reduktion und expressiver Leiblichkeit – besser noch: zwischen der abstrakten Komposition im Hintergrund und einer emphatischen Figuration auf der Schwelle zum Betrachter – ist ihm nie mehr gelungen.

Nach dem Bade, 1912
Öl auf Leinwand, 87 x 95,5 cm
Staatliche Kunstsammlungen Dresden,
Galerie Neue Meister

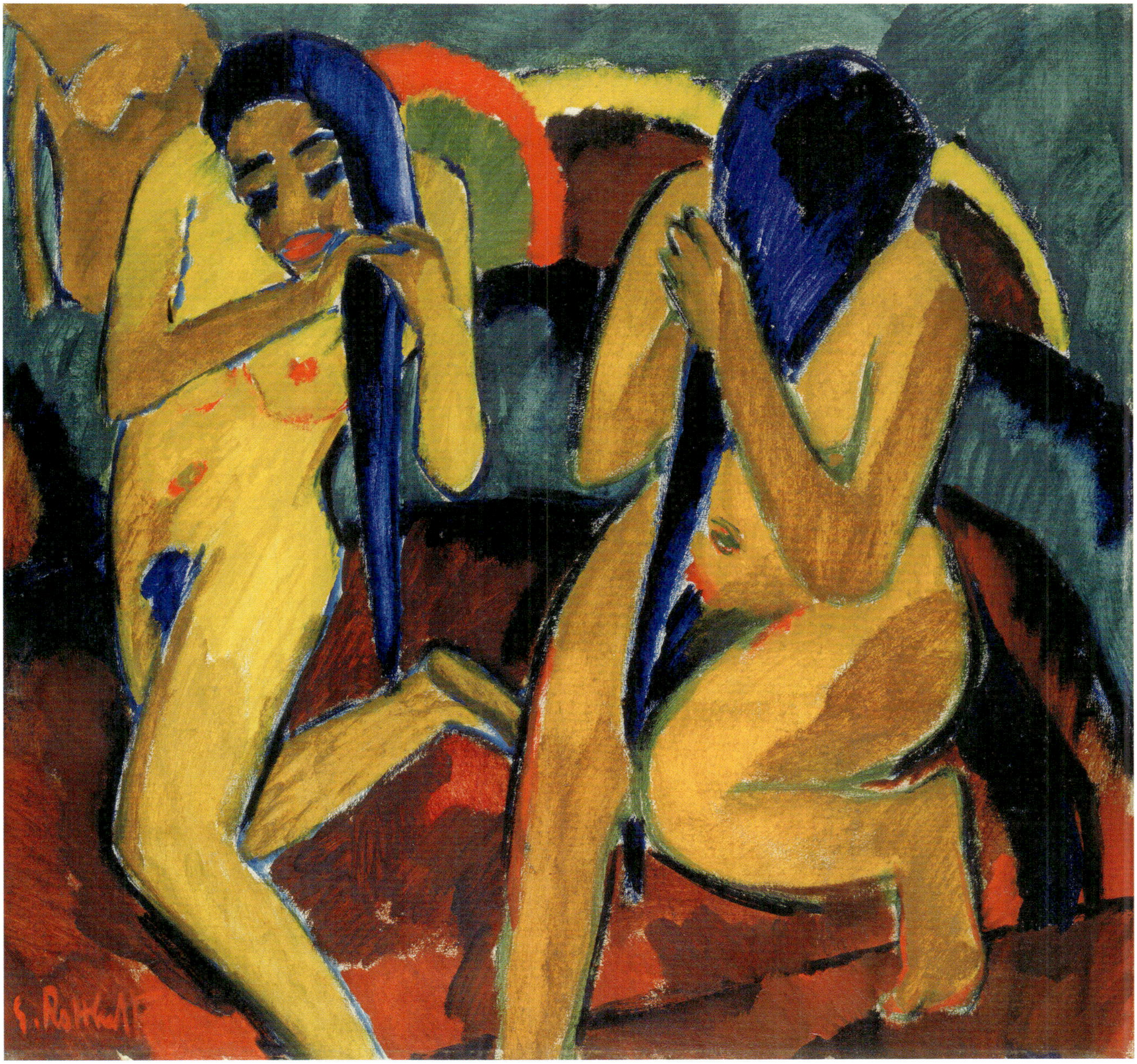

Karl Schmidt-Rottluff
Sinnende Frau, 1912

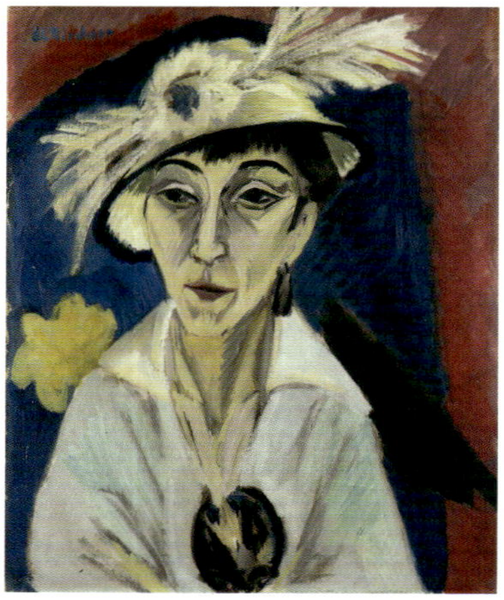

Ernst Ludwig Kirchner
Porträt Erna Schilling
(Dame mit Hut, Kranke Frau), 1913
Öl auf Leinwand, 71,5 x 60,5 cm
Berlin, Staatliche Museen zu Berlin, Nationalgalerie, Eigentum des Vereins der Freunde der Nationalgalerie

Eine Vorahnung des Kriegs wirft um 1913 einen Schatten auf das Schaffen Schmidt-Rottluffs. „Ich glaube jetzt auf dem Wege zu sein – vorläufig mit allem Mysticismus aufzuräumen", gesteht er Lyonel Feininger in dieser Zeit, vermutlich nach den existenziell glühenden Sommer- und Sinnbildern einer kosmischen Einheit von Frau und Natur aus Nidden. „Aber ich habe eine merkwürdige Scheu vor Menschen, die nur daher kommt, dass ich mich nicht mehr eins fühle." Ein Jahr zuvor entsteht wahrscheinlich in Berlin das melancholische Porträt einer sinnenden Frau im privaten Innenraum. Auch den naturverbundenen Einzelgänger der Brücke überfällt nach der Übersiedlung in die Reichshauptstadt ein Gefühl innerer Zerrissenheit – Charakteristikum expressionistischer Dichter und Künstler. „In unserer Seele ist ein Sprung", antwortet Kandinsky in seiner 1912 erscheinenden Programmschrift *Über das Geistige in der Kunst* dem Zeitgeist. „Und doch stehen wir Künstler von heute vor der seltsamen Forderung: Wege zu finden und zu zeigen und Antwort auf Fragen zu geben, die eigentlich der Filosofie zukommen", echot der wortkarge Schmidt-Rottluff.

Die anonyme Frauenfigur sitzt in introvertierter Haltung, eine Decke um ihren Körper gewickelt, die Beine eingezogen, auf einem Diwan im Zentrum des Bildes. Sie hat den schönen Kopf mit der Kurzhaarfrisur auf ihre rechte Faust gestützt und schützt sich mit der anderen Hand vor den neugierigen Blicken der Betrachter, die auf sie herunterschauen. Die warm leuchtende Haut ihres freien Oberkörpers ist eingebettet in die sanfte Tonigkeit eines ockerfarbenen unbestimmten Hintergrunds und die auberginenhaften Valeurs der Tagesdecke auf der Couch. Nur ein gelber und ein blauer Farbstreifen im Plaid, die dem Faltenwurf wie heftige Wellen folgen, verleihen der verhaltenen Atmosphäre um dieses Porträt eine prononcierte Note. Zum kantig verdichteten Stil der Übergangsphase kubistischer Experimente gehört auch die schraffierende Pinselschrift, die der Malerei trotz ihrer sinnlichen Wärme etwas Zeichnerisches, untergründig Vibrierendes verleiht.

In dieser Textur der Bilder des Jahres 1912 und in der zunehmenden Dämpfung ihrer Farbintensität rückt Schmidt-Rottluff seinen Brücke-Kollegen über alle Gegensätze hinweg kurzzeitig nahe – zur selben Zeit, als der Dresdener Kollektivstil an Berlins eisernen Widersprüchen zu zersplittern droht. Dennoch wirkt Kirchners hypernervöser Malstil mit seiner bildkonstituierenden Schraffurzeichnung gegen die ausgeglichenen Formulierungen des anderen geradezu wie eine Illustration des „zersprengten Ichs" (Gottfried Benn). Fahl fressen sich im Bildnis 1913 ganze Zonen schmaler Linienbündel in die bleichen feinen Gesichtszüge einer kranken Frau, die sich als Kirchners Lebensgefährtin Erna Schilling identifizieren lässt, dargestellt im Dachatelier der Berliner Körnerstraße 45.

Der abgrundtiefe Ernst des Porträts mit dem erloschenen Blick straft nicht nur den extravaganten Federhut – dezentes Vorzeichen künftiger Kokottenikonografie – und das kostbare Medaillon um ihren Hals Lügen, sondern auch die farbenfrohen Dekormotive im Hintergrund, die von einem Sofaüberwurf herstammen. Während Schmidt-Rottluff die Intimität seines Porträts mit allen Mitteln hütet, stellt sie Kirchner in der ikonenhaft frontalen Schaustellung Ernas zur Disposition: als bewusst inszenierte Öffentlichkeit seines privaten Arbeits- und Lebensraums.

SEITE 91
Sinnende Frau, 1912
Öl auf Leinwand, 102 x 76 cm
Berlin, Brücke Museum

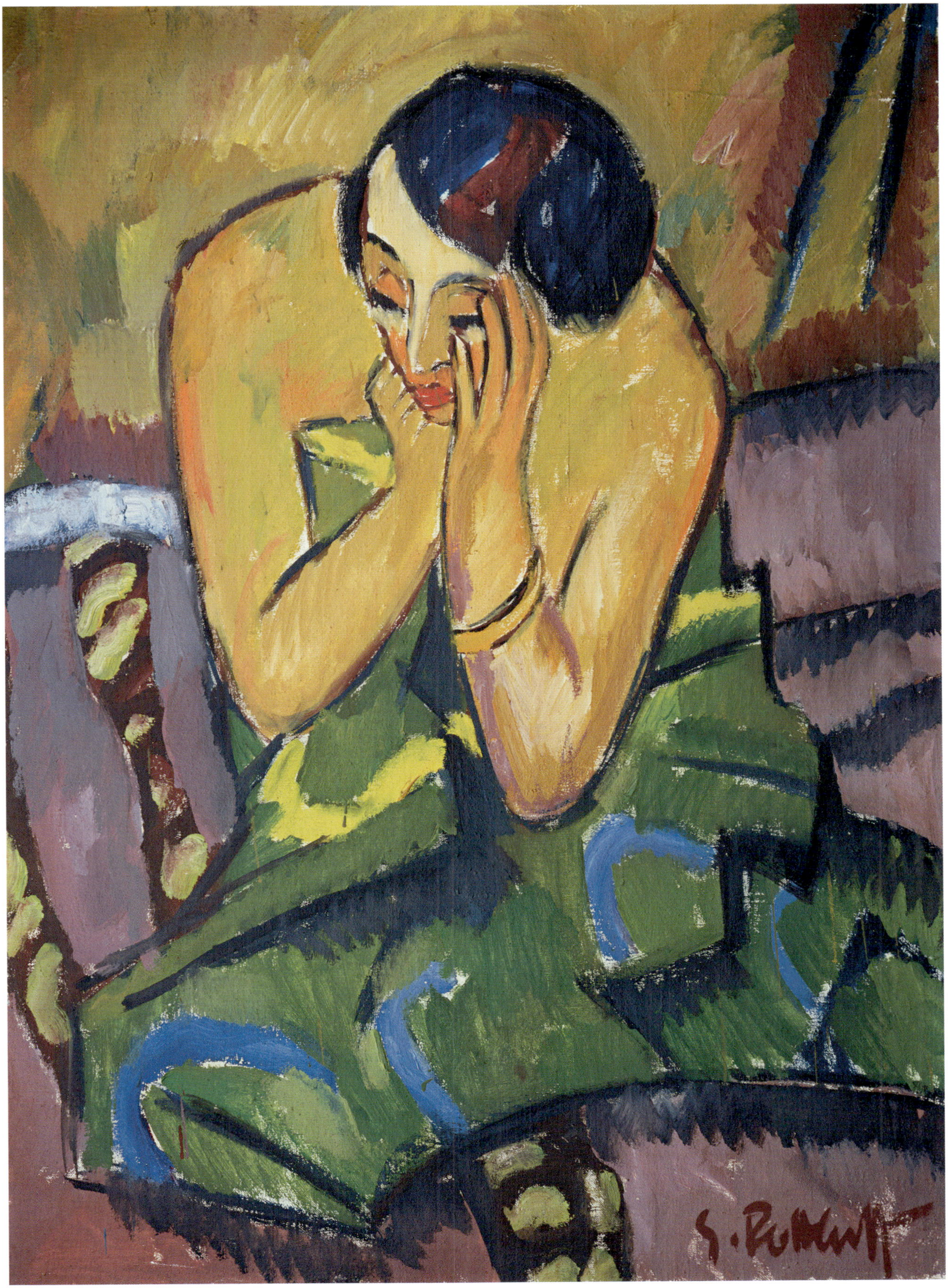

Karl Schmidt-Rottluff
Drei Akte (Dünenbild aus Nidden), 1913

„Malen kann hier eigentlich nur heißen: Verzicht leisten vor der Natur …"

— KARL SCHMIDT-ROTTLUFF AN GUSTAV SCHIEFLER, 1909

Der „Barbar aus Sachsen" kommt 1913 am äußersten Rand Ostpreußens ganz zu sich. Nachdem er im Frühsommer 1912 letztmals Dangast und danach gemeinsam mit Heckel die Insel Fehmarn, wo Kirchner arbeitet, aufgesucht hat, spürt er im Alleingang entlang der Ostseeküste nach neuen Fluchtpunkten. Zur Kurischen Nehrung reist er erst ein Jahr später – nach Auflösung der Brücke – auf Empfehlung Pechsteins. In Nidden findet Schmidt-Rottluff ein neues Refugium und erreicht einen Gipfelpunkt seines Werkes. Einen Sommer lang verwirklicht er sein einsames Ideal der ursprünglichen Identität von Mensch und Natur, Kunst und Leben. Eine einfache Fischerhütte am Strand, fern jeglicher Zivilisation, dient ihm als Arbeits- und Wohnstätte. In eruptiver Produktivität konzentriert er sich hier ganz auf die Aktmalerei in freier Natur. Daneben provozieren markante Landschaftsmotive wie der Leuchtturm in Nidden sein Gespür für leuchtende Farbkulissen und schwerblütige Dynamik.

Drei Akte in Dünen, ausschließlich Rot gegen Grün – ein Bild von radikaler Reduktion und monumentaler Wirkung! Der Sinneseindruck ist ganz dem brachialen Formdiktat des Malers unterworfen. Ein ungetrübter Komplementärkontrast bestimmt die wirkungsintensive Farbglut der Szene. Riesenkörper verschmelzen organisch mit urwüchsiger Natur, die in vegetativen Abbreviaturen als Dünenkurve und Gebüschzacken auftritt. Von schwarzen Konturen rhythmisch umschwungen, formulieren sich hier wahre „Aktlandschaften" in autochthoner Wucht. Auf ein Fluidum des Erotischen wird bei dieser herben, auf Überpersönliches zielenden Abstrahierung konsequent verzichtet. In der Zusammenschau gibt die strenge Komposition eine existenzielle Sinnbildlichkeit preis – wie ein kurz vor dem Völkermord behaupteter Sieg des Lebens über den Tod.

Im Modus des „Primitivismus" erreicht Schmidt-Rottluff eine absolute Synthese von Figur und Landschaft. Markanter noch als im Jahr zuvor scheint hier die Auseinandersetzung mit afrikanischer Kultur und Skulptur bildnerisch nachzuwirken. Etwas verspätet bearbeitet er eigenständig das, was die Brücke-Kameraden schon seit 1910 stark und stilbildend beschäftigt. In außereuropäischen Kulturen finden sie alle Bestärkung auf ihrem Weg zu radikaler Ausdrucksintensivierung durch Formverknappung und Flächenorganisation. Bei Schmidt-Rottluff ist jedoch der Begriff der „inneren Kraft" und ein „Erleben transzendentaler Dinge im Irdischen" von entscheidender Bedeutung.

Die Hamburger Kunsthistorikerin Rosa Schapire, kenntnisreiche und leidenschaftliche Förderin seiner Kunst, wertet diese bestürzende Figurenmalerei 1916 in einem zeitgenössischen, poetisch-philosophischen Deutungszusammenhang: „Akte ziehen an uns vorbei, beladen mit Schwermut, erfüllt von jenem tiefen Grauen der Kreatur, dass wir alle einsam und ausgestoßen sind, dass keine Brücke von Mensch zu Mensch führt, oder über das Leben triumphierend, monumental thronend in stolzer Fülle … wie jene drei Frauen, die etwas Feierlich-Beschwörendes haben und vor unbekannten Mächten knien … Landschaft atmet die gleiche Größe … Urlaut der Schöpfung, etwas Kosmisches: Mensch und Natur bilden einen Zusammenhang, eine große Einheit."

Drei Akte (Dünenbild aus Nidden), 1913
Öl auf Leinwand, 98 x 106,5 cm
Berlin, Staatliche Museen zu Berlin, Nationalgalerie

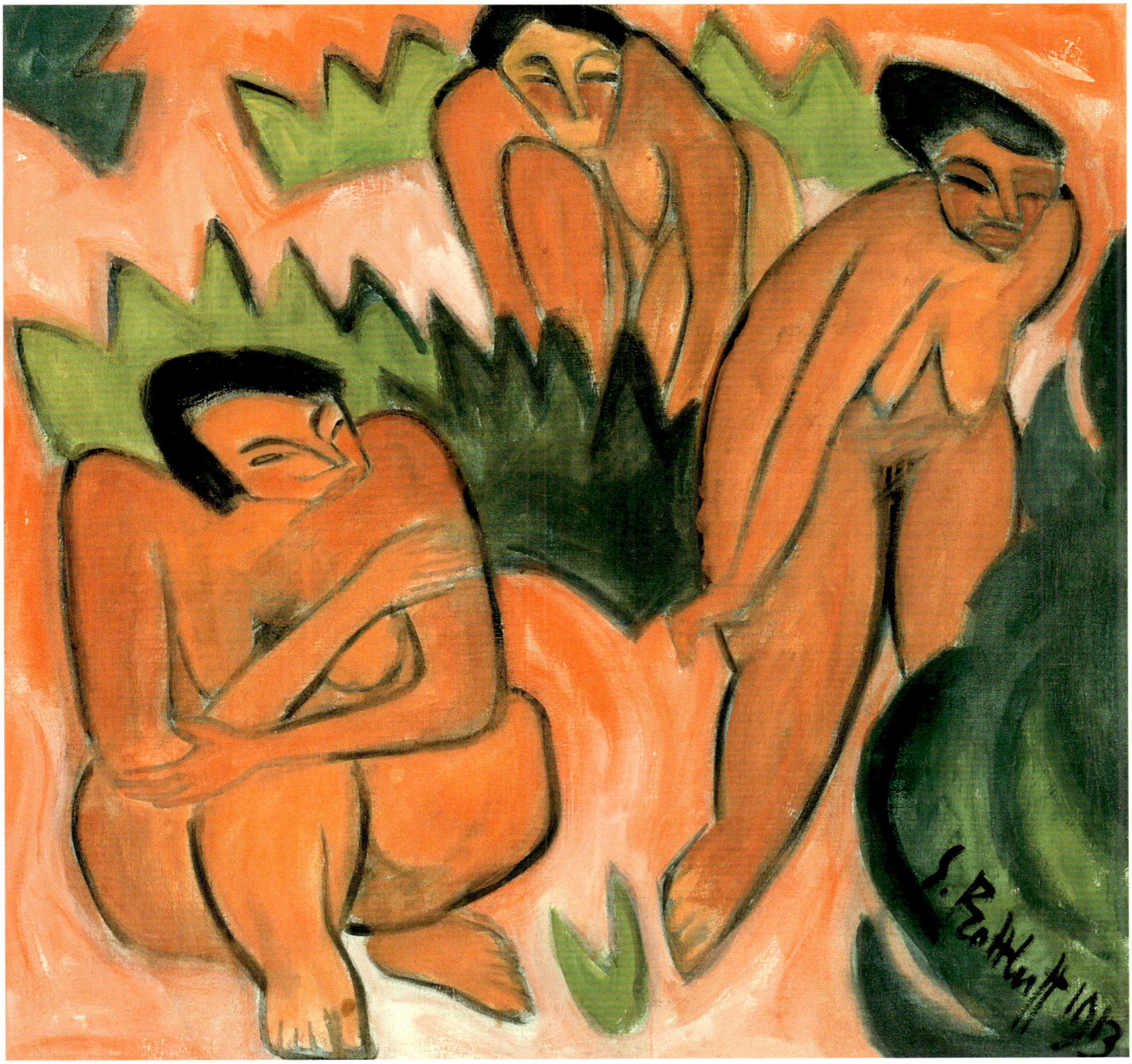
S. Rottluff 1913

Karl Schmidt-Rottluff

Grünes Mädchen, 1915

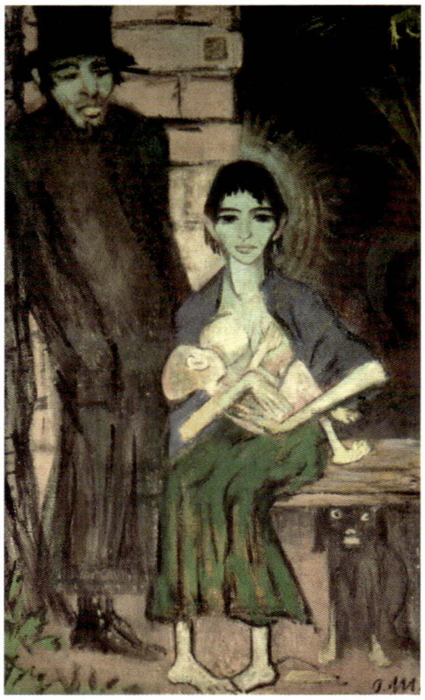

Otto Mueller
Polnische Familie, 1919
Leimfarbe und Tempera
auf Rupfen, 179,5 x 112,3 cm
Essen, Museum Folkwang

„Kein Programm … nur die unerklärliche Sehnsucht, das zu fassen, was ich sehe und fühle, und dafür den reinsten Ausdruck zu finden.“

— KARL SCHMIDT-ROTTLUFF, DAS NEUE PROGRAMM, 1914

Im Mai 1915 wird Schmidt-Rottluff Soldat in Russland und Litauen. Schon vor Ausbruch des Ersten Weltkriegs, den er nicht wie so viele Künstler seiner Generation begeistert begrüßt, hat sein Rückzug nach innen und ein Wandel im Menschenbild eingesetzt. „Ich habe jetzt sehr den Druck, noch möglichst Starkes zu schaffen“, schreibt er einem Freund. „Der Krieg hat mir richtig alles Vergangene weggefegt –, alles kommt mir matt vor, und ich sehe die Dinge plötzlich in ihrer furchtbaren Gewalt. Ich habe nie die Kunst gemocht, die ein schöner Augenreiz war und sonst nichts, und doch merke ich elementar, daß man zu noch stärkeren Formen greifen muss, so stark, dass sie der Wucht eines solchen Völkerwahnsinns standhalten.“

Den neuen Frauentypus, eine Welt weit weg von der glühenden Sinnlichkeit oder emblematischen Wucht der Sommerakte in den Jahren 1912 und 1913, nennt Will Grohmann „meditierend“. In verschlossenen Kleidern und sparsamen Gesten, mit maskenhafte Gesichtern und übergroßen Köpfen, gesenkten oder abgewandten Blicks wandeln diese Figuren im Innenraum oder am Meeresstrand, in gedämpften Tönen zwischen Grün und Braun – getrieben von Sehnsucht und Trauer. Nichts deutet auf aktuelles Geschehen hin. Weltschmerz offenbart sich ohne Weltkrieg. Ähnlich wie zwei, drei Jahre zuvor in Heckels verdüsterter Bildwelt wird die naive Schlagkraft der Expression durch psychologisierende Erzählung abgelöst, allerdings ganz ohne eine „gotische“ Vergeistigung der Form. Im Gegenteil: Ein extrem urtümlicher Holzschnitt-Duktus, den die Malerei bei Schmidt-Rottluff analog zur Druckgrafik jetzt annimmt, scheint weiterhin stark von afrikanischen Impulsen geprägt. In diesem Umfeld wirkt das *Grüne Mädchen* in seiner rätselhaften Gestik und Mimik allerdings wie eine Außenseiterin. Der Spitzenbesatz an ihrem Wickelkleid, ein Spiegelrahmen im Hintergrund, der Muff von grünlichen Ölsockeln deutet auf kleinbürgerliches Milieu. Dem widersprechen Schmollmund und Schlangenblick, der schärfer aufblitzt als der Zackenrand über der Brust. Aber ihre Gebärde bleibt hilflos in der Luft hängen. So muss auch dieses anonyme Frauenbild als ein Monument der Melancholie gelten.

Otto Mueller ist bis 1918 Armierungssoldat an West- und Ostfront. Er, der zu Brücke-Zeiten von sinnenden Mädchenakten und einsamen Landschaften nie loskommt, malt im Jahr eins seiner Professur an der Breslauer Kunstakademie ein erstes großes Sinnbild von abgründiger Trauer. Die *Polnische Familie* ist ein privates Doppelporträt: der Maler selbst im Gewand des ewigen Juden neben seiner jüdischen Geliebten und Schülerin Irene Altmann als biblischer Maria, deren orthodoxer Vater eine Bindung und damit das ersehnte Lebensglück untersagt. Voll versteckter Anspielungen kündet das Bild vom privaten Herzweh und Wunschdenken des Malers, der im Riesenformat eine allgemeingültige Aussage von schillernder Mehrdeutigkeit sublimiert. Hier wie auch in seinen späten Zigeunerbildern rumort untergründig ein Unbehagen an der modernen Gesellschaft. Das Spätwerk aus dem letzten Lebensjahrzehnt des einstigen Brücke-Expressionisten enthüllt – in Antithese zu den Weggefährten –, dass Mueller mit eigensinniger Seelenstärke auf die existenziellen Fragen des Menschen orientiert bleibt.

SEITE 95
Grünes Mädchen, 1915
Öl auf Leinwand, 85 x 76 cm
Berlin, Staatliche Museen zu Berlin, Nationalgalerie

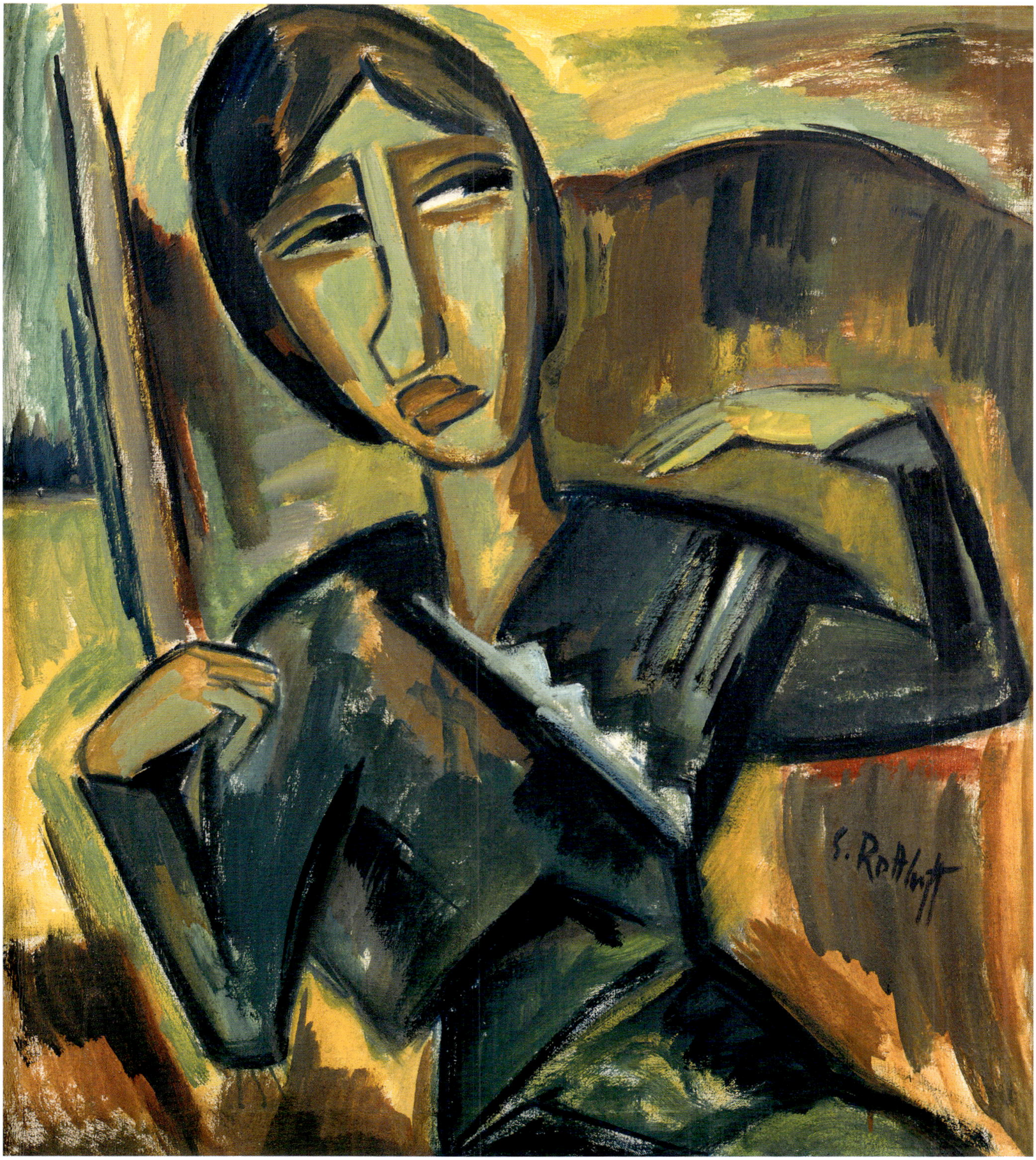
S. Rottluff

Copyright

Danksagung & Fotonachweis

Der Verlag dankt den Archiven, Museen, Privatsammlungen, Galerien und Fotografen für ihre freundliche Unterstützung bei der Realisierung des Buches und die Überlassung der Bildvorlagen. Falls nicht anders erwähnt, stammen die Reproduktionsvorlagen aus dem Archiv des Verlages. Neben den in den Bildlegenden genannten Institutionen und Sammlungen seien hier besonders erwähnt:

© akg-images, Berlin: S. 2, 4, 6, 14, 20, 24, 33, 34, 38, 41, 49, 53, 56, 58, 75, 77, 81, Umschlagrückseite
© Artothek: S. 21 unten, 29, 67, 78, 89; Artothek– Joachim Blauel: S. 22/23, 46; Artothek –Blauel/Gnamm: Umschlagvorderseite, S. 21 oben, 47, 55, 57, 61, 73
© bpk | Kunstbibliothek: S. 26; bpk | Nationalgalerie, SMB | Jörg P. Anders: S. 37, 42, 69, 83, 85, 93; bpk | Nationalgalerie, SMB | Klaus Göken: S. 95; bpk | Nationalgalerie, SMB | Verein der Freunde der Nationalgalerie: S. 90
© Bridgeman Images: S. 27, 28, 45, 64, 91, 94; Bridgeman Images/Peter Willi: S. 65
© Brücke Museum Berlin: S. 43
© Bündner Kunstmuseum, Chur: S. 19
© Christie's – Artothek: S. 31
© Courtesy of the Busch-Reisinger Museum-Harvard Art Museums, Cambridge: S. 86
© Galerie Henze & Ketterer, Wichtrach/Bern: S. 13 rechts
© Gelsenkirchen, Städtisches Museum: S. 17
© Kirchner Museum Davos: S. 9, 48
© Kunstmuseum des Landes Sachsen-Anhalt, Halle, Stiftung Moritzburg: S. 1, 39, 87
© Leopold-Museum, Wien: S. 25
© Milwaukee Art Museum, Foto: Larry Sanders: S. 63
© Museum Folkwang Essen: S. 12
© Museum Kunstpalast, Düsseldorf: S. 35
© Nolde Stiftung Seebüll: S. 30
© Rheinisches Bildarchiv, Köln: S. 79
© The Saint Louis Art Museum: S. 51
© Staatliche Graphische Sammlung München: S. 7
© Staatliche Kunstsammlungen Dresden, Kupferstich-Kabinett, Foto: Herbert Boswank: S. 13 links; Staatliche Kunstsammlungen Dresden, Kupferstich-Kabinett, Foto: Elke Estel: S. 52; Staatliche Kunstsammlungen Dresden, Skulpturensammlung, Foto: Hans-Peter Klut: S. 18
© Staatsgalerie Stuttgart, Graphische Sammlung: S. 8, 24
© Ullstein Bild: S. 76
© Virginia Museum of Fine Arts, Foto: Katherine Wetzel: S. 59

Die Autorin

Ulrike Lorenz ist die Präsidentin der Klassik Stiftung Weimar und war zuvor Direktorin der Kunsthalle in Mannheim sowie Leiterin des Kunstforums Ostdeutsche Galerie in Regensburg. Sie studierte Kunstwissenschaft und Archäologie an der Universität Leipzig und promovierte an der Bauhaus-Universität in Weimar.

UMSCHLAGVORDERSEITE
Ernst Ludwig Kirchner
Selbstbildnis mit Modell (Ausschnitt), 1910/26
Öl auf Leinwand, 150,4 x 100 cm
Hamburger Kunsthalle

SEITE 1
Ernst Ludwig Kirchner
Signet der „Brücke", 1905
Holzschnitt, 5 x 6,5 cm
Halle, Kunstmuseum Moritzburg, Sammlung Gerlinger

SEITE 2
Ernst Ludwig Kirchner
Ausstellungsplakat der „Brücke"
in der Galerie Arnold, Dresden, 1910
Farbholzschnitt in Schwarz und Rot
82,2 x 59 cm
Staatliche Kunstsammlungen Dresden, Kupferstich-Kabinett

SEITE 4
Karl Schmidt-Rottluff
Mädchen bei der Toilette, 1912
Öl auf Leinwand, 84 x 76 cm
Berlin, Brücke Museum

UMSCHLAGRÜCKSEITE
Ernst Ludwig Kirchner
Eine Künstlergruppe (Ausschnitt), 1926/27
Öl auf Leinwand, 168 x 126 cm
Köln, Museum Ludwig

Von links nach rechts
Otto Mueller, Ernst Ludwig Kirchner, Erich Heckel, Karl Schmidt-Rottluff

Impressum

TASCHEN ARBEITET KLIMANEUTRAL.
Unseren jährlichen Ausstoß an Kohlenstoffdioxid kompensieren wir mit Emissionszertifikaten des Instituto Terra, einem Regenwaldaufforstungsprogramm im brasilianischen Minas Gerais, gegründet von Lélia und Sebastião Salgado. Mehr über diese ökologische Partnerschaft erfahren Sie unter: www.taschen.com/zerocarbon
Inspiration: grenzenlos. CO_2-Bilanz: null.

Stets gut informiert sein: Fordern Sie bitte unser Magazin an unter www.taschen.com/magazine, folgen Sie uns auf Instagram und Facebook oder schreiben Sie an contact@taschen.com.

Hohenzollernring 53, D–50672 Köln
www.taschen.com

Herausgeber: Norbert Wolf, München
Design: Birgit Eichwede, Köln und Andy Disl, Los Angeles

Printed in Slovakia
ISBN 978–3–8365–3698–1